Psicodrama e neurociência

Dados Internacionais de Catalogação na Publicação (CIP)
(Câmara Brasileira do Livro, SP, Brasil)

Psicodrama e neurociência: contribuições para a mudança terapêutica / Heloisa Junqueira Fleury, Georges Salim Khouri e Edward Hug (organizadores). São Paulo: Ágora, 2008.

Vários autores.
Bibliografia.
ISBN 978-85-7183-045-5

1. Moreno, Jacob Levy, 1889-1974 2. Neurociências 3. Psicodrama 4. Rojas-Bermúdez, Jaime C. I. Fleury, Heloisa Junqueira. II. Khouri, Georges Salim. III. Hug, Edward.

08-03187 CDD-150.198

Índice para catálogo sistemático:

1. Psicodrama: Método psicanalítico   150.198

EDITORA AFILIADA

Compre em lugar de fotocopiar.
Cada real que você dá por um livro recompensa seus autores
e os convida a produzir mais sobre o tema;
incentiva seus editores a encomendar, traduzir e publicar
outras obras sobre o assunto;
e paga aos livreiros por estocar e levar até você livros
para a sua informação e o seu entretenimento.
Cada real que você dá pela fotocópia não autorizada de um livro
financia um crime
e ajuda a matar a produção intelectual em todo o mundo.

Psicodrama e neurociência
contribuições para a mudança terapêutica

Heloisa Junqueira Fleury
Georges Salim Khouri
Edward Hug
(organizadores)

PSICODRAMA E NEUROCIÊNCIA
Contribuições para a mudança terapêutica
Copyright © 2008 by autores
Direitos desta edição reservados por Summus Editorial

Editora executiva: **Soraia Bini Cury**
Assistentes editoriais: **Bibiana Leme e Martha Lopes**
Tradução dos capítulos 1 e 2: **Moysés Aguiar**
Capa: **Alberto Mateus**
Projeto gráfico e diagramação: **Acqua Estúdio Gráfico**
Impressão: **Sumago Gráfica Editorial**

Editora Ágora
Departamento editorial:
Rua Itapicuru, 613 – 7º andar
05006-000 – São Paulo – SP
Fone: (11) 3872-3322
Fax: (11) 3872-7476
http://www.editoraagora.com.br
e-mail: agora@editoraagora.com.br

Atendimento ao consumidor:
Summus Editorial
Fone: (11) 3865-9890

Vendas por atacado:
Fone: (11) 3873-8638
Fax: (11) 3873-7085
e-mail: vendas@summus.com.br

Impresso no Brasil

Sumário

Apresentação 7
Waldeck Barreto D'Almeida

Introdução 11
Heloisa Junqueira Fleury

Parte I

1. Neuroplasticidade e mudança terapêutica 21
   Galabina Tarashoeva e Petra Marinova

2. Neurônios-espelho e o espaço intersubjetivo 31
   Edward Hug

3. O conceito de eu em Moreno e a teoria emergentista do eu (núcleo do eu) de Rojas-Bermúdez 49
   Isabel Rosana Borges Barbosa, Georges Salim Khouri, Maria Lucia Machado e Rosana Maria de Sousa Rebouças

4. Imagem psicodramática e a técnica de construção de imagens ... 77
   Georges Salim Khouri e Maria Lucia Machado

Parte II

5. Uso da técnica de construção de imagens na clínica
   psicodramática 107
   Maria Lucia Machado

6. Construção de imagens com tecidos (CIT) em psicoterapia
   psicodramática bipessoal e nas organizações 129
   Georges Salim Khouri

7. Os objetos intermediário e intra-intermediário na psicoterapia
   psicodramática infantil em um caso de transtorno global
   do desenvolvimento 163
   Rosana Maria de Sousa Rebouças

8. Construção de imagens em um grupo com pacientes psicóticas .. 189
   Isabel Rosana Borges Barbosa

Parte III

9. O psicodrama transformador na mudança terapêutica:
   diretrizes e recomendações 211
   Edward Hug e Heloisa Junqueira Fleury

Apresentação

Waldeck Barreto D'Almeida

Foi com satisfação que recebi o convite feito por Rosana Rebouças, representando o "grupo baiano" (Georges Salim Khouri, Maria Lucia Machado, Isabel Rosana Borges Barbosa e a própria Rosana Maria de Sousa Rebouças), para fazer a apresentação deste livro.

Já por ocasião do 16º Congresso Internacional de Psicoterapia de Grupo do IAGP – International Association for Group Psychotherapy and Group Processes, realizado em São Paulo em 2006, Heloisa Fleury me convidara para participar da Mesa Redonda sob o título "Neuroplasticidade e mudança terapêutica", juntamente com Edward Hug e Galabina Tarashoeva, dentre outros. Porém, compromissos previamente assumidos e inadiáveis não me deixaram tempo disponível para participar.

Meu interesse em torno do tema vem desde a época em que me chamavam a atenção os fenômenos psicossomáticos – conhecidas como doenças psicossomáticas. Como se dava o "salto" do psíquico para o somático?

Nessa época, o pensamento predominante fundamentava-se no paralelismo psicofísico que sustentava os argumentos psicanalíticos vigentes. Ou seja, mente e cérebro eram duas coisas diferentes. Dentre os psicanalistas, constituiu-se em grande avanço a idéia da Escola de Chicago, liderada por Franz Alexander, que defendia a intermediação do sistema nervoso na passagem do psíquico para o somático e considerava a "mente" como a percepção subjetiva de fenômenos fisiológicos.

J. G. Rojas-Bermúdez, no final da década de 1970, em seu artigo sobre o núcleo do eu, já considerava o psiquismo "uma expressão da matéria viva quando alcança um certo grau de organização"; e a sensação de existir, a primeira manifestação do psiquismo a que ele denominou de "si-mesmo fisiológico". Gradativamente tornou-se mais clara e definida a posição do autor, assemelhada ao monismo emergentista psiconeural.

De maneira resumida, essa posição filosófica defende que o psiquismo é uma propriedade sistêmica do sistema nervoso central, que apareceu em determinado momento ao longo de um prolongado processo evolutivo biológico.

Com essa ferramenta conceitual, torna-se mais viável abordar o homem concreto que encontramos no dia-a-dia clínico. Dessa forma, temos uma melhor compreensão de como funciona uma dramatização, qual a estrutura do vivenciado pelo indivíduo, como nos aproximarmos menos mítico-metapsicologicamente e mais existencialmente dele, e como contribuir para o processo de transformação.

Os textos presentes neste livro de certa forma giram em torno desta concepção filosófica, e contribuirão para uma compreensão concreta do processo do insight, de como conduzir o processo para assumir o papel do outro e, finalmente, de como utilizar as experiências das cinco etapas da Matriz de Identidade.

O universo das técnicas psicodramáticas elenca técnicas descritivas, complementares, interativas, temporais, corporais, fantásticas, sintetizadoras, interpretativas e dramáticas, entre outras. Aqui, discute-se particularmente a técnica de construção de imagem, que consideramos sintetizadora uma vez que estimula o protagonista a sintetizar o vivenciado em uma forma estática. Além disso, são apresentadas as concepções dos objeto intermediário e objeto intra-intermediário, que favorecem a aproximação com o outro em situação de sofrimento psíquico – ambos também elaborados por J. G. Rojas-Bermúdez.

Conheço pessoalmente o "grupo baiano" de longa data, desde o tempo em que começaram a se interessar pelo estudo do psicodrama. Sempre inquietos, curiosos e dotados de espírito investigativo, são os responsáveis pelos textos sobre a técnica de construção de imagem. Hoje, sinto-me agraciado por ter feito parte de seu processo de busca.

Certamente este livro contribuirá para, no mínimo, provocar perguntas, a partir das quais novas respostas serão dadas, que nos levarão a novas perguntas, e assim, num crescendo, levando à construção do edifício conceitual psicodramático como ferramenta de sustentação de nossa prática.

Salvador, janeiro de 2008

Waldeck Barreto D'Almeida é psiquiatra, psicodramatista pela Associação Argentina de Psicodrama e Psicoterapia de Grupo, terapeuta de aluno dos cursos de formação da Associação Bahiana de Psicodrama e Psicoterapia de Grupo (Asbap), registrado na Federação Brasileira de Psicodrama (Febrap), professor de Psicologia Médica e Psicopatologia da Faculdade de Medicina da Universidade Federal da Bahia (UFBA) e preceptor da residência em Psiquiatria dessa mesma instituição.

Introdução

Heloisa Junqueira Fleury

Desde o início da década de 1990, a neurociência vem levantando dados importantes sobre a efetividade da psicoterapia. Pode influenciar na estrutura e no funcionamento cerebral, por meio da alteração da plasticidade neuronal e da expressão gênica (Kandel, 1999).

Quando ficou comprovado que a psicoterapia é eficaz e produz mudanças de longa duração no comportamento, a medicina e a psicologia – principalmente a psicanálise – estreitaram relações, abrindo novas perspectivas para a compreensão dos mecanismos psicoterapêuticos e para a avaliação da prática clínica.

Uma equipe de psicanalistas americanos (Stern *et al.*, 1998) constituiu um grupo para estudar os resultados buscados pelo processo psicoterapêutico – que chamaram de mudanças terapêuticas. Partiram do pressuposto de que algo mais que a interpretação seria necessário para promover essas mudanças no paciente. Concluíram que o algo mais transformador está no processo interativo subjetivo, o qual atua no conhecimento relacional implícito.

Essa dimensão implícita dos processos de memória e aprendizagem, relativa a padrões relacionais, geralmente inconscientes, foi diferenciada pela neurociência da dimensão explícita ou declarativa, que se refere à recuperação de fatos. Esses conceitos são mais bem detalhados no capítulo 1 deste livro.

Ainda no começo do século XX, Moreno foi pioneiro ao valorizar o tempo presente e a experiência vivencial. Propôs uma base filosófica para orientar a postura do psicodramatista em sua prática metodológica, valorizando a categoria do momento. Destacou, ainda em 1931, "a posição crucial que o conceito do momento tem em minha teoria da personalidade. Tudo na vida é existencial no 'aqui e agora', *hic et nunc*. Meu objetivo é a psicologia do momento, do homem em ação, momento não como parte da História, mas história como parte do momento, *sub species momenti*" (Moreno, 1993, p. 8).

Preconizou uma atitude autêntica de ambas as partes, que nomeou de "amor terapêutico" (Moreno, 1993, p. 22). Caracterizou uma relação em que terapeuta e paciente são convidados a explicitarem suas percepções e experiências internas – ainda nos dias atuais, a abertura do terapeuta sobre suas próprias questões emocionais permanece um tema polêmico. Porém, sobressai nessa afirmação a valorização da autenticidade própria da categoria do momento, que, segundo ele, trouxe uma importante revisão e direção para o psicodrama.

Stern (2007) recomendou uma sintonia vitalizada terapeuta–paciente (afetiva não-verbal), caracterizada pela ressonância entre os estados afetivos de ambos, envolvendo estados mentais e estados afetivo-corporais. Nomeou de presentidade essa condição no relacionamento terapêutico, entendida como o momento presente da experiência subjetiva, o que valorizou o potencial transformador da experiência vivenciada e confirmou a incorporação às psicoterapias dessa diretriz básica do psicodrama.

Constatamos assim a confirmação pela ciência atual de um dos pressupostos básicos do psicodrama. Haveria outras aproximações? Aplicam-se os conhecimentos atuais da neurociência ao arsenal teórico-prático do psicodramatista contemporâneo? Essas indagações, parcialmente respondidas neste livro, começaram a ser construídas em 2006, quando ocorreu no Brasil o 16º Congresso Internacional de Psicoterapia de Grupo, promovido pela Febrap – Federação Brasileira de Psicodrama e pela IAGP – International Association for Group Psychotherapy and Group Processes. Nessa ocasião, na função de Co-chair do Comitê do Programa Científico do Congresso, conheci vários colegas do exterior interessados nessa área de estudo.

Por indicação de Adam Blatner, entrei em contato com o norte-americano Edward Hug para a organização do painel "Neuroplasticidade e mudança terapêutica". O objetivo era discutir os fundamentos teóricos e práticos do psicodrama, assim como as contribuições mais atuais de seus seguidores, para identificação dos mecanismos terapêuticos de um psicodrama transformador.

A descoberta dos neurônios-espelho (assunto discutido detalhadamente no capítulo 2) era a grande novidade. As evidências de pesquisa confirmavam bases científicas para o fenômeno da empatia e muito provavelmente do fator tele, podendo trazer novas referências à dimensão relacional do psicodrama.

Hoje radicado na Espanha, o colombiano Jaime Guillermo Rojas-Bermúdez, que cursou Medicina e viveu por vários anos em Buenos Aires, teve participação muito importante no desenvolvimento do psicodrama no Brasil. Rojas-Bermúdez (1997) foi pioneiro na atenção aos aspectos neuropsicológicos da metodologia psicodramática, fundamentando sua teoria e propostas metodológicas na necessária interligação entre estruturas cerebrais. Contribuiu com a idéia da imagem psicodramática e a técnica de construção de imagens como um potente recurso nos processos humanos de mudanças. Elaborou a teoria emergentista da personalidade, ou a teoria do núcleo do eu, apresentada aqui no capítulo 3. Nas discussões dos casos clínicos apresentados na parte II deste livro, essa teoria e sua aplicabilidade metodológica estão mais bem detalhadas.

No capítulo 4, o conceito de imagem, referido inicialmente por Moreno, é retomado. Apresenta um estudo comparativo da dramatização e da técnica de construção de imagens, fazendo uma articulação entre elas, numa interessante apresentação de um dos diferenciais das contribuições teórico-metodológicas de Rojas-Bermúdez. Também o manejo das técnicas psicodramáticas é detalhado em uma instigante discussão da complementariedade entre a dramatização e a construção de imagens.

Waldeck Barreto D'Almeida, médico psicodramatista, introduziu o pensamento de Rojas-Bermúdez no Brasil – formou-se em Buenos Aires, onde foi aluno e paciente do médico colombiano. Retornou à Salvador e fundou a Asbap – Associação Bahiana de Psicodrama e Psicoterapia de Grupo, que hoje tem núcleos em Pernambuco e Alagoas. Waldeck havia sido o mentor da mesa redonda "Neurociência e psicodrama", em 2002, no 13º Congresso Brasileiro de Psicodrama, sinalizando o enriquecimento teórico que essa ciência traria ao psicodrama brasileiro. Naquela ocasião, identificamos alguns psicodramatistas que vinham estudando essa área, fortemente estimulados por Rojas-Bermúdez, que mantinha contato com o grupo da Bahia por meio de cursos especiais. Naturalmente, Waldeck foi também convidado para essa mesa redonda, escolhido não só por seu entusiasmo com as contribuições da neurociência, como por seu papel de liderança na divulgação dessa tendência do psicodrama atual.

Embora Edward Hug e Waldeck Barreto D'Almeida não tenham podido participar, o painel foi um sucesso e plantou as sementes deste livro, cuja proposta é basicamente didática: introduzir os psicodramatistas nessa nova área de estudo, apresentar a prática clínica dos colegas que utilizam esse referencial e apontar perspectivas futuras para o fortalecimento do psicodrama científico.

Logo depois, Georges Salim Khouri foi convidado para liderar a equipe de psicodramatistas da Bahia e planejar suas contribuições. Buscamos profissionais atuantes que pudessem apresentar protocolos contemporâneos de suas práticas clínicas fundamentadas no referencial proposto por Rojas-Bermúdez. No capítulo final deste livro, levantamos aspectos do psicodrama contemporâneo e da neurociência capazes de transformarem-se em eixo diretivo para uma interlocução criativa focada no psicodrama científico a ser co-construída no futuro, tendo como foco principal a mudança terapêutica. Finalizamos com algumas recomendações que esperamos possam constituir o primeiro passo para um diálogo com outras tendências do psicodrama contemporâneo.

Moreno criou o psicodrama há aproximadamente oitenta anos. Desde então, vêm ocorrendo importantes descobertas científicas, muitas delas aplicáveis ao psicodrama. Com isso, os pressupostos teóricos morenianos foram ampliados por seus seguidores, que detalharam e estenderam a compreensão dos mecanismos subjacentes às suas intervenções.

Ao longo do percurso de organização do livro, identificamos que esta obra, ao tomar como referência o científico, atendia a um paradigma inclusivo, transcultural. Dessa forma, couberam diferentes nacionalidades, culturas e teorias. Reconhecemos na comunidade psicodramática, representada no Brasil pela Febrap, um interesse crescente pelo aprimoramento científico do psicodrama, o que é confirmado pelo Artigo 2º do Estatuto da instituição.[1]

Aqui, dá-se visibilidade às aproximações com a neurociência, trazendo evidências científicas relevantes às diferentes ten-

---

1. **Art. 2º** – A Febrap tem por finalidade a união das entidades brasileiras de Psicodrama que adotam como base comum a filosofia, a teoria e práticas propostas por J. L. Moreno, sem excluir as contribuições e o enriquecimento decorrente de novos estudos e pesquisas e a sua aplicação nos diversos campos do conhecimento humano.

dências atuais. Considerando que várias gerações criaram e vêm mantendo uma instituição agregadora – a Febrap – para favorecer a fecundidade criadora do psicodrama brasileiro, o grande desafio deste livro é estimular novas possibilidades de diálogo.

O projeto do livro

A obra foi dividida em três partes. A primeira apresenta os fundamentos teóricos da neurociência e do psicodrama. Inicia-se com Galabina Tarashoeva e Petra Marinova, da Bulgária, que trazem conceitos básicos a fim de explicar a neuroplasticidade cerebral e algumas evidências desses estudos para a compreensão dos transtornos psiquiátricos, introduzindo determinados pontos de convergência com o psicodrama. Em seguida, Edward Hug apresenta os neurônios-espelho, que têm revolucionado os estudos sobre empatia e intersubjetividade.

A equipe da Bahia articula o conceito do eu em Moreno com a teoria do núcleo do eu de Rojas-Bermúdez. Concluem essa parte teórica inicial do livro discutindo mecanismos de ação do psicodrama numa perspectiva neuropsicológica. Apresentando as três etapas do processo psicodramático, descrevem e fundamentam a aplicação de duas possibilidades para a segunda delas: a dramatização propriamente dita (método clássico descrito por JL Moreno) e a técnica de construção de imagens (criada e desenvolvida por Rojas-Bermúdez).

Estes mesmos autores, na parte II, enriquecem a obra com relatos de aplicação desses referenciais, representados pela técnica de construção de imagens, em diferentes áreas de atuação. Maria Lucia Machado inicia apresentando o uso da construção de imagem tridimensional, ilustrado com um caso clínico. Em seguida, Georges Salim Khouri destaca a plasticidade e as possibilidades da técnica de construção de imagens com tecidos, em vários atendimentos clínicos bipessoais e empresariais. Na seqüência, Rosana Maria de Sousa Rebouças apresenta o conceito de desenvolvimento infantil segundo Moreno e Rojas-Bermúdez, e a aplicabilidade do uso do objeto intermediário e intra-intermediário na psicoterapia psicodramática infantil em um caso de Transtorno Global do Desenvolvimento. Segue-se Isabel Rosana Borges Barbosa, que exemplifica não só a construção de imagens em grupo de mulheres psicóticas, como também sua espontaneidade e criatividade adaptando-se às circunstâncias de seu trabalho.

Edward Hug e Heloisa J. Fleury terminam discutindo o psicodrama transformador, levantando diretrizes e recomendações para uma atuação psicoterapêutica mais científica e eficaz.

Referências bibliográficas

KANDEL, E. R. "Biology and the future of psychoanalysis: a new intellectual framework for psychiatry revisited". *American Journal of Psychiatry*, v. 156, n. 4, p. 505-24, 1999.

MORENO, Jacob L. *Psicoterapia de grupo e psicodrama*. 2. ed. rev. Campinas: Editorial Psy, 1993.

ROJAS-BERMÚDEZ, Jaime. *Teoria y tecnica psicodramaticas*. Buenos Aires: Paidós, 1997.

STERN, Daniel N. *O momento presente na psicoterapia e na vida cotidiana*. Rio de Janeiro: Record, 2007.

STERN, Daniel N. *et al*. "Non-interpretive mechanisms in psychoanalytic therapy: the 'something more' than interpretation". *International Journal of Psycho-Analysis*, v. 79, p. 903-21, 1998.

Parte I

1

Neuroplasticidade e mudança terapêutica

Galabina Tarashoeva
Petra Marinova

A estrutura do neurônio – formada por corpo, axônios e dendritos – é conhecida há mais de cem anos. Os neurônios formam o cérebro conectando-se entre si por meio das sinapses. Por muito tempo considerou-se que essa estrutura era fixa e não sofria mudanças depois que a criança acabava de crescer. Hoje, porém, sabemos que o cérebro muda diariamente, a cada memória nele armazenada. Isso acontece por um processo conhecido como neuroplasticidade, que inclui uma remodelação dos dendritos, a formação de novas sinapses, a proliferação de axônios e, conforme pesquisas mais recentes, a neurogênese – o processo de nascimento de novos neurônios. No cérebro do mamífero adulto, tem sido observado de forma distinguível em apenas duas regiões, o bulbo olfativo (que não foi relacionado com nenhuma função psíquica até o momento) e o hipocampo, especialmente o giro dentado. Com base em uma grande quantidade de estudos em modelos animais, tem-se verificado que a neurogênese é estimulada por um ambiente rico e por exercício físico, e suprimida por estresse, trauma e doença (Gage *et al.*, 2004).

Estresse

É bastante conhecido o importante papel do estresse na etiologia das enfermidades psiquiátricas: ele pode provocar muitos problemas nessa área. Atualmente, muitos estudos mostram que ele suprime a neurogênese no giro dentado, causa desgalhamento dos dendritos no hipocampo e no córtex médio pré-frontal, assim como crescimento dendrítico e hipertrofia das células nervosas na amígdala. Aqui, precisamos ter em mente que a amígdala integra informações relacionadas com medo e emoções intensas, e que o aumento de sua atividade pode ser um primeiro passo para a super-ativação de sistemas envolvidos na adaptação fisiológica e comportamental (McEwen *et al.*, 2004).

Duas estruturas cerebrais desempenham papel fundamental na interpretação do que é estressante e na determinação das respostas adequadas:

- O hipocampo – trata-se de estrutura-chave para memórias de eventos e contextos. As neuroimagens mostram que ele atrofia em vários transtornos psiquiátricos.
- A amígdala – é importante para as "memórias emocionais". As neuroimagens funcionais indicam que se torna hiperativa nos transtornos de estresse pós-traumático (PTSD[1]) e nas enfermidades depressivas.

As mudanças estruturais que ocorrem no estresse crônico parecem ser reversíveis, desde que ele seja interrompido no tempo certo. Isso sugere uma esperançosa possibilidade de que as mudanças cerebrais – em pelo menos alguns transtornos psiquiátricos mais importantes – sejam tratáveis se encontrarmos

---

1. PTSD = Post-Traumatic Stress Disorder (Transtorno de estresse pós-traumático) (N.do trad.).

os agentes ou psicoterapias corretos e fizermos a intervenção no momento adequado (McEwen *et al.*, 2004).

A hipótese mais recente sobre a patofisiologia da depressão está relacionada com uma diminuição da neurogênese. Ela se fundamenta tanto nos estudos a respeito do estresse como em algumas pesquisas sobre os mecanismos de ação psicofarmacológicos. O estresse está vinculado a um número menor de células recém-nascidas no giro dentado e, ao mesmo tempo, sabe-se que ele é o mais importante fator causal da depressão, ao lado da predisposição genética. O segundo grande argumento consiste no fato de que os antidepressivos têm provado aumentar a neurogênese no giro dentado de animais experimentais e o que se sabe, na prática, é que o tempo requerido para observar efeitos terapêuticos dessas drogas corresponde ao tempo da neurogênese (três a quatro semanas). Assim, a terapia antidepressiva e a terapia física – por exemplo, correr, fazer exercícios – revertem a depressão pela ativação da neurogênese no giro dentado (Gage *et al.*, 2004).

Neuroimagem

Inclui métodos que ilustram as mudanças que ocorrem nas estruturas cerebrais:

- em sua atividade – PET[2], FMRI[3];
- em seu volume – CT[4], MRI[5], SPECT[6].

---

2. PET = Positron Emission Tomography (N. do trad.).
3. FMRI = Functional Magnetic Resonance Imaging (N. do trad.).
4. CT = Computed Tomography (N. do trad.).
5. MRI = Magnetic Resonance Imaging (N. do trad.).
6. SPECT = Single Photon Emission Computed Tomography (N. do trad.).

Há muitos estudos de pacientes psiquiátricos, antes e depois da terapia, baseados nos efeitos da farmacoterapia e, mais recentemente, nos efeitos da psicoterapia; há também alguns que comparam os efeitos de ambos os tipos de terapia.

Os resultados desses estudos são muito interessantes. Todos os três tipos mostram que ambas as terapias:

- reduzem a atividade e o volume das estruturas patologicamente ativadas (como a amígdala, no PTSD); e
- aumentam a atividade e o volume das estruturas patologicamente inibidas (como o hipocampo em pacientes depressivos).

Mostram também que os dois principais tipos de terapia têm efeitos similares, mas não iguais (Kay, 2004).

Infelizmente, há mais hipóteses do que fatos a respeito de "psicoterapia e neuroplasticidade". Isso pode ser explicado. Primeiro, não há e não pode existir um modelo para psicoterapia no mundo animal, uma vez que os animais não se comunicam da maneira como nós o fazemos, suas funções superiores do cérebro não estão desenvolvidas da mesma forma que nos humanos. Além disso, os métodos de imagem não mostram neuroplasticidade – mostram apenas o volume e a atividade das estruturas cerebrais, das quais podemos tirar conclusões indiretas. E a neurogênese pode ser objetivada apenas histologicamente, ou seja, *post mortem*. Por último, mas não menos importante, a psicoterapia não é somente "gerenciamento de sintomas": ela inclui um espectro muito maior de mudanças relacionadas com o desenvolvimento pessoal.

Memória

Jerald Kay e Deborah Liggan construíram um modelo de memória de psicoterapia baseado na plasticidade cerebral. A neuroplasticidade é vista como um pré-requisito para qualquer mudança durável de comportamento, cognição e emoções, e portanto para todos os efeitos psicoterápicos.

Existem dois tipos principais de memória:

1. O sistema de memória explícita – recordação consciente de fatos e eventos:
   - estruturas cerebrais: estruturas do lobo temporal, especialmente o hipocampo, estruturas límbico-diencefálicas;
   - disponível para evocação consciente.

2. O sistema de memória implícita – uma conservação heterogênea de capacidades; armazena a experiência emocional relacionada com o processo de vinculação precoce:
   - estruturas cerebrais: gânglios basais;
   - não disponível para evocação consciente (Liggan *et al.*, 1999).

Na primeira infância, o sistema implícito é mais competente que o explícito. Ele processa a informação ligada ao afeto. Extrai e armazena, a partir da exposição a grande quantidade de informações complexas, protótipos e regras que mais tarde se tornam permanentemente codificadas na memória. Isso acontece através da remodelação das sinapses. Resulta em lembranças de que a pessoa não tem consciência. As regras armazenadas influenciam a experiência posterior, independente de serem adequadas ou não. As informações obtidas dessa forma não são disponíveis para a reflexão e o processamento conscientes. Mais que isso, elas orientam o comportamento, as expectativas, a percepção e a interpretação das relações, sem participação da consciência. O déficit de adequação das relações vinculares precoces conduz a uma incapacidade de auto-regulação. A desorganização se dá tanto no nível neurobiológico quanto comportamental (Liggan *et al.*, 1999).

Psicoterapia

Na psicoterapia, esses padrões de protótipos e regras implícitos são explorados e refletidos. A mudança ocorre com a aprendizagem de novos padrões, que são explicitamente repetidos até que a nova maneira baseada no hábito se fixe no sistema de memória implícita. As memórias dos vínculos precoces talvez sejam implicitamente inconscientes, mais do que reprimidas. Na psicoterapia, acessamos a memória implícita do paciente. O processo de vinculação na relação terapêutica não é uma condição, mas sim uma ferramenta terapêutica real.

A mudança psicoterápica inclui um processo de *insight* e uma experiência emocional corretiva. Yalom (1985), ao abordar a importância da aprendizagem interpessoal no processo terapêutico, menciona que a experiência emocional corretiva é considerada pelas psicoterapias contemporâneas uma das bases da efetividade terapêutica. Trata-se de um conceito introduzido em 1946 por Franz Alexander, descrito como a exposição do paciente a situações emocionais mais favoráveis do que aquelas possíveis no passado. Nessa condição mais confortável, o paciente pode reparar essa influência traumática do passado, passando por uma experiência emocional corretiva.

Supõe-se que as diferentes escolas psicoterápicas tenham efeitos predominantes em diferentes regiões cerebrais, de acordo com o que elas principalmente influenciam. Isso é cada vez mais referendado por dados reunidos pela neuroimagem.

Psicoterapia comportamental

- Foco: formas simples de aprendizagem e memória, relacionadas com o comportamento motor
- Influências: amígdala, gânglios basais e hipocampo

Psicoterapia cognitiva

* Foco: pensamentos e suposições verbais específicas
* Influências: neocórtex frontal

Psicoterapia psicodinâmica

* Foco: relações interpessoais
* Influências: áreas subcorticais e hemisférios cerebrais lateralizados (Liggan *et al.*, 1999)

Mas essa área necessita investigação adicional, na medida em que muita coisa é ainda duvidosa. Na verdade, raramente os psicoterapeutas se motivam a investir tempo e esforços nessas pesquisas. Há várias razões para isso, começando pelo benefício incerto para a prática psicoterápica.

Psicodrama

Até onde sabemos, não existe ainda na literatura nenhum dado publicado a respeito de estudos de neuroimagem dos efeitos do psicodrama. E esse tipo de psicoterapia pode ter efeito em muitas regiões cerebrais, uma vez que nela a pessoa participa com suas:

* emoções – sistema límbico, especialmente hipocampo e amígdala;
* cognições – córtex frontal;
* sensações – tálamo e neocórtex;
* atividades motoras – cerebelo, gânglios basais e neocórtex;
* experiências interpessoais – hemisférios cerebrais lateralizados e áreas subcorticais.

O principal fator terapêutico é a experiência emocional corretiva. Se a pessoa viveu uma experiência traumática importante na primeira infância, essa experiência é fixada na memória implícita e pode produzir algum tipo de sintoma na vida posterior. Re-vivenciando com toda intensidade a situação traumática, o sintoma é reproduzido no espaço seguro do palco psicodramático e sua realidade suplementar. O psicodramatista experiente identifica os "indicadores" relacionados com o sintoma, desbloqueia o circuito associativo das memórias e vai junto com o protagonista de uma cena a outra, fazendo todo o caminho de volta na espiral do desenvolvimento do sintoma, até suas raízes. Aí se encena a experiência traumática da mesma forma como está armazenada na memória implícita do protagonista.

Em geral, isso está ligado a:

- um processo psicológico não terminado;
- uma emoção suprimida;
- uma experiência emocional insatisfatória.

A oportunidade de uma catarse das emoções suprimidas desbloqueia a pessoa e abre seu espaço interno para o principal fator terapêutico do psicodrama: a experiência emocional corretiva. O psicodramatista, junto com o ego-auxiliar, precisa dar assistência ao protagonista no momento de refazer a experiência traumática passada, de forma satisfatória, não-traumática. A fim de que possa ser reintegrada com sucesso na memória implícita do protagonista, ela precisa ser vívida, totalmente realística e ter a mesma intensidade da experiência da infância, mas com uma carga positiva de emoções.

Um hipotético mecanismo neurobiológico do psicodrama

No centro da neurofisiologia desse processo está o hipocampo. Trata-se da estrutura cerebral que participa da consolidação da memória, determinando que parte da informação será armazenada na memória de longo prazo. Para ser armazenada, a informação deve ser importante para a pessoa, tendo ativado os centros de prazer ou os centros de evitação do tronco cerebral. A experiência emocional intensa e completa leva a uma forte ativação do hipocampo e, assim, uma memória vívida é armazenada. O processo de formação da memória baseia-se na neuroplasticidade e inclui remodelação dos dendritos, crescimento dos axônios e formação de novas sinapses.

No psicodrama, a memória da experiência traumática não é apagada; constrói-se, sim, uma nova. Tem a mesma força, mas é positiva. Existe em paralelo com a antiga e a equilibra. Assim, interrompe-se o circuito associativo que leva ao sintoma. Este desaparece.

Perspectivas futuras

Com novos estudos relativos à psicoterapia e neuroplasticidade, questões importantes sobre os mecanismos envolvidos na mudança terapêutica poderão ser mais bem compreendidas e algumas questões, respondidas. Por exemplo:

- A capacidade de monitorar os efeitos da psicoterapia por meio de neuroimagens ajudaria a teoria e a prática da psicoterapia. Como?
- Se focalizamos demasiadamente a estrutura cerebral, não existe o risco de subestimar o psíquico?
- A localização dos processos patogênicos e terapêuticos em determinada estrutura cerebral tornaria os métodos psicoterápicos mais noso-específicos? Ou síndrome-específicos?
- Se a farmacoterapia e a psicoterapia têm efeitos similares nos níveis metabólico e estrutural, qual é o lugar de cada uma delas no plano terapêutico?

Referências bibliográficas

GAGE, Fred H. "Structural plasticity of the adult brain". In: MARCHER, Jean Paul (ed.). *Dialogues in clinical neuroscience. Neuroplasticity.* Rouffach, France, Publisher Les Laboratories Servier, v. 6, n. 2, p. 135-42, 2004.

FUCHS, Thomas. "Improving quality of care for bipolar disorder". *Current Opinion in Psychiatry*, London, v. 17, n. 6, p. 479-85, 2004.

KAY, Jerald. *Neurobiology of psychotherapy.* Apresentação feita no Florence WPA Congress, nov. 2004.

LIGGAN, Deborah; KAY, Jerald. "Some neurobiological aspects of psychotherapy: a review". *Journal of Psychotherapy Practice and Research*, Arlington, Virginia, v. 8, p. 103-14, abr. 1999.

MCEWEN, Bruce S. "Structural plasticity of the adult brain: how animal models help us understand brain changes in depression and systemic disorders related to depression". In: MARCHER, Jean Paul (ed.). *Dialogues in clinical neuroscience. Neuroplasticity.* Rouffach, France, Publisher Les Laboratories Servier, v. 6, n. 2, p. 119-33, 2004.

YALOM, Irving D. *The theory and practice of group psychotherapy.* 3. ed. New York: Basic Books, 1985.

2

Neurônios-espelho e o espaço intersubjetivo

Edward Hug

Introdução

Uma descoberta simples, feita na Itália no início dos anos 1990, está levando a uma mudança radical de paradigma nas ciências sociais. Rizzolatti, Gallese e Arbib perceberam o seguinte: quando um chimpanzé pega um amendoim, um determinado neurônio dispara no lobo parietal anterior de seu cérebro. Na seqüência, quase por acidente, eles notaram o mesmo neurônio disparando assim que o chimpanzé viu outro chimpanzé pegando um amendoim. Essa observação seminal integrou a ciência da imitação. Várias conferências estão acontecendo e diversos livros sendo escritos (como Hurley e Chater, 2005).

Esses "neurônios-espelho" são considerados atualmente a base da "leitura" que os mamíferos (inclusive nós) fazem das intenções do outro, a base da "empatia" e da "intersubjetividade".

Os anos 1990 foram a década do cérebro, com a incrível produção de uma nova neurociência, com a qual Freud se encantaria. Lembremo-nos de que Freud, em 1895, em seu "Projeto para uma psicologia científica", defendeu uma psicologia baseada na fisiologia do cérebro (v. Gamwell e Soms, 2005, para seus primeiros esboços neurológicos). Vinte e cinco anos mais tarde, ele ainda escreveria:

> As deficiências de nossa descrição se esvaziariam, provavelmente, se estivéssemos já em condições de substituir os termos psicológicos por termos fisiológicos ou químicos. [...] Podemos esperar que [a fisiologia e a química] nos dêem a mais surpreendente informação e não podemos imaginar que respostas virão, em poucos anos, às questões que levantamos para elas. Podem ser tais que toda a nossa estrutura artificial de hipóteses pode ser derrubada. (Freud, 1955, p. 60)

Mas não foi senão na última década do século XX que a neurociência se desenvolveu ao ponto de a psicologia poder utilizar *insights* neurológicos. E não foi senão nesta primeira década do século XXI que a psicoterapia começou a levar a sério a neurociência, de tal forma que existe, por exemplo, desde julho de 2000, uma sociedade internacional de neuropsicanálise, estabelecida no Real Colégio de Cirurgiões, em Londres.

O fato de estarmos vendo, na literatura da neurociência, um interesse tão grande pelos fenômenos subjetivos tem muito que ver com a notável descoberta de Rizzolatti, de Pelligrino, Gallese e outros, da Universidade de Palma, dos "neurônios-espelho", no início dos anos 1990. Sem essa descoberta, a "intersubjetividade" não poderia ser abordada pelos neurocientistas. Foi a partir dela que a investigação a respeito do "cérebro social" começou seriamente.

Base evolucionista

> *"Em biologia, nada faz sentido sem a evolução."*
>
> THEODOSIUS DOBZHANSKY, 1973

Comecemos pelo retorno a um velho enigma, conhecido como "o problema de Wallace". Alfred Russel Wallace fez uma pergunta a seu amigo Charles Darwin: "Como poderiam ter-se desenvolvido as faculdades mentais do homem, se ele não as podia utilizar no seu estágio inicial de barbarismo?" Darwin foi obrigado a recorrer a uma explicação anterior que havia rejeitado, de que os animais sociais "observam" a situação na qual se encontram e mudam, fisicamente, para se ajustar a ela. O que Wallace estava sugerindo era uma heresia darwiniana, ao admitir que alguns animais podem desenvolver capacidades antes de ter uma necessidade concreta.

Por "ajustar-se a", eu entendo ajustar-se a um mundo sensório-motor complexo, definido em parte por mudanças no meio, e em parte pelo grupo social ou tribo. O ajustamento ao meio é viabilizado pela "ressonância" sensório-motora (que discutirei adiante), na medida em que um determinado organismo individual esteja em ressonância com os padrões correspondentes às invariâncias ambientais significativas para aquele organismo. O ajustar-se ao grupo social é facilitado pela capacidade de "imitar" os outros membros do grupo; por exemplo, imitar alguém que possa ter descoberto como quebrar uma pedra, ou curtir uma pele, ou caçar um animal. Essa capacidade, baseada no sistema do neurônio-espelho do cérebro, é a verdadeira origem (pré-verbal) da cultura.

O cerne do problema de Wallace era o fato de que a seleção natural não explicaria as capacidades artísticas, musicais e matemáticas do homem, algo que a necessidade de "ajustar-se" poderia fazer.

Essa necessidade de ajustar-se pode ser compreendida sob outro interessante aspecto da evolução humana. Com o aumento do tamanho do cérebro ao longo dos últimos dois milhões de anos, muito desse crescimento precisa acontecer depois que o indivíduo nasce, passando de 300 cm^3 ao nascer para 1.200 cm^3 ao atingir a idade adulta. Três quartos do tamanho do cérebro adulto se desenvolve fora do útero, naquilo que podemos chamar de segundo útero, o útero social da família, tribo, comunidade, cultura.

Wallace não acreditava que a seleção natural pudesse explicar a evolução do cérebro humano – com capacidade maior do que o requerido pela seleção natural. Entretanto, em 1990, ainda se escrevia: "O problema de Wallace permanece sem solução. A emergência da mente humana é ainda um mistério" (Milner, 1990, p. 457). Mas isso foi bem no início do período que veio a ser conhecido como "a década do cérebro". Desde então, muita coisa aconteceu!

O enigma que permanecera insolúvel está relacionado com o que se tem chamado de "o grande salto à frente". E o enigma é este: "O cérebro humano se desenvolveu até o tamanho atual há duzentos mil anos; na verdade, chegou ao ponto máximo há cerca de oitenta mil anos e desde então vem diminuindo constantemente."

Um salto tecnológico e uma mudança cultural, entretanto, ocorreram entre cem mil anos atrás (quando não havia ainda sinais de arte ou de ferramentas complexas em nenhum lugar do mundo) e trinta mil anos (quando começamos a encontrar arte rupestre, ferramentas complexas, moradias padronizadas, roupas etc.) – período em que o homem começou a se diferenciar dos outros animais (figura 1). Como se poderia explicar essa mudança?

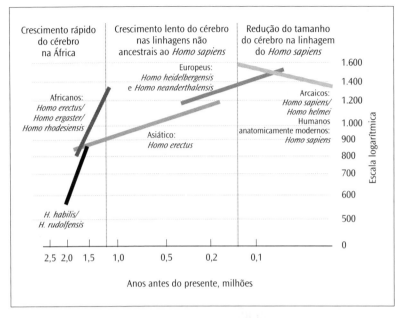

Figura 1 – Cérebro hominídeo – evolução do tamanho, cm³
Fonte: Oppenheimer, 2004.

Tente imaginar: temos no cérebro aproximadamente cem bilhões de neurônios, alojados em 1.300 cm³; cada neurônio estabelece comunicação com outros neurônios, de mil a mais de um milhão. Todo esse vasto potencial já existia antes do "grande salto". O que mudou, então?

V. S. Ramachandran (2000) sugeriu que o tamanho do cérebro apenas estabelece o cenário para responder tanto ao problema de Wallace quanto à questão do "grande salto". A resposta propriamente dita deve estar mais no súbito aumento no tipo e na extensão da conectividade dos neurônios dentro do cérebro, permitindo uma comunicação muito maior entre as funções cerebrais e uma rápida evolução das representações simbólicas de ordem mais elevada, uma explosão de "hiperconectividade". Súbito, aqui, tem que ver com uma escala temporal evolutiva.

De acordo com a hipótese de Ramachandran, o que detonou a explosão de mudança tecnológica de cerca de cinqüenta mil anos atrás foi a conectividade dos neurônios-espelho do cérebro e sua rápida proliferação. Ramachandran fez também uma dramática advertência:

> A relevância para a evolução do cérebro humano dos neurônios-espelho descobertos no lobo frontal dos macacos [...] é a única história "não contada" (ou pelo menos não publicada) da década. [...] Minha previsão é que os neurônios-espelho vão fazer pela psicologia o que o DNA fez para a biologia: eles vão proporcionar uma referência que unifica e ajuda a explicar uma enorme quantidade de capacidades mentais que permaneceram, até agora, misteriosas e inacessíveis aos experimentos. (Ramachandran, 2000)

O autor sugeriu ainda que a

> emergência de um sofisticado sistema de neurônios-espelho estabelece as condições para o aparecimento, nos antigos hominídeos, de inúmeras capacidades exclusivamente humanas, tais como protolinguagem (facilitada pelo mapeamento dos fonemas labiais e dos movimentos da língua), empatia, "teoria de outras mentes" e a capacidade de "adotar o ponto de vista do outro". (Ramachandran, 2000)

A intersubjetividade tem, assim, junto com o cérebro, uma história evolucionária.

Aqueles neurônios divertidos

Como já dissemos, no início dos anos 1990, Vittorio Gallese e Giacomo Rizzolatti (*et al.*, 1996), na Universidade de Palma, identificaram uma nova classe de neurônios, inicialmente em macacos. Esses neurônios ficavam ativos não somente quando o próprio animal executava uma determinada tarefa, mas também quando observava outros realizando a mesma tarefa. A equipe denominou essa nova classe de neurônios, os neurônios-espelho, reconhecendo seu papel central na maneira como compreendemos as intenções alheias, uma "parte importante do mosaico que explica nossas capacidades sociais" (Gallese, 2004). Eles constituem, também, a base da capacidade do cérebro de mimetizar, o que está no cerne de nossa capacidade de assumir, ou pelo menos avaliar, o papel de outra pessoa.

> Esses neurônios parecem representar um sistema que emparelha eventos observados e ações similares geradas internamente, e dessa forma vinculam o observador e o ator. [...] As propriedades de resposta dos neurônios-espelho aos estímulos visuais podem ser assim sintetizadas: os neurônios-espelho não são impulsionados em resposta à apresentação do objeto; para serem acionados, eles requerem uma ação observada específica. (Rizzolatti e Arbib, 1996, p. 188)

Por meio dos neurônios-espelho, uma "representação da ação" – do comportamento do outro – se forma no cérebro do observador. A observação consciente do comportamento de outrem ativa os neurônios-espelho em duas regiões do cérebro esquerdo: o sulco temporal superior (ativado ao ver movimento biológico) e parte da área de Broca (associada à produção da fala). Assim os neurônios-espelho estabelecem uma ponte entre o "fazer" e o "comunicar". A essência da própria linguagem está nas representações pré-motoras da ação, e as representações da ação são o cerne da empatia e da tomada de papéis.

Os neurônios-espelho estão intimamente envolvidos na empatia. Quando vemos a expressão facial de outra pessoa, sabemos o que ela está sentindo quase como se nós vivenciássemos o mesmo sentimento. Na verdade, nós o "vivenciamos" neurologicamente: os mesmos neurônios são ativados em nosso cérebro ao observarmos outra pessoa experimentando uma emoção, como se nós estivéssemos experimentando essa emoção.[1]

Uma pesquisa a respeito desse fenômeno, feita em conjunto pelo Instituto de Neurociências Fisiológicas e Cognitivas (Marselha, França), pelo Departamento de Neurociências da Universidade de Palma, pelo BCN Neuroimaging Center (Universidade Groningen, Holanda) e pelo Laboratório de Neurociências e Sistemas Sensoriais (Lion, França), mostrou uma sobreposição significativa (mais do que um acaso) entre as áreas do cérebro que estavam ativas quando um sujeito sentia náusea ao aspirar um odor desagradável e as que estavam ativas quando o mesmo sujeito observava outra pessoa sentindo náusea – o texto apresenta visualização do cérebro por análise de imagens de ressonância magnética (fMRI – *functional magnetic resonance imaging*) (Wicker *et al.*, 2003, p. 660). Certos neurônios funcionaram quando o sujeito estava sentindo náusea perto de um odor desagradável. Um conjunto de neurônios sobrepostos funcionou quando, posteriormente, o mesmo sujeito observou outra pessoa sentindo náusea. Os neurônios-espelho ativos para reconhecimento facial da náusea localizavam-se principalmente na ínsula anterior esquerda e na zona de transição entre a ínsula e o giro frontal inferior. Os autores concluem que:

> da mesma forma que o observar a ação das mãos ativa a representação motora daquela ação no observador, a observação de uma emoção ativa a representação neural dessa emoção. Esse achado

---

1. Essa visão simplificada ignora o sistema cerebral de defesas, que pode determinar uma "experiência não vivenciada", ou seja, a parte do cérebro que está "vivenciando" a emoção do outro pode ter acesso negado à consciência, um fenômeno neurobiológico visto de forma mais dramática na anosognosia.

proporciona um mecanismo unificado para a compreensão do comportamento de terceiros. (Wicker, 2003, p. 655)

A expressão facial é um dos meios principais para reconhecermos as emoções de outra pessoa. Como vimos, esse reconhecimento envolve um tipo de memória interna da expressão facial do outro, com a ativação dos neurônios-espelho nos mesmos centros neurais, como se vivenciássemos aquela mesma emoção. Na revisão dos Proceedings of the National Academy of Sciences (Carr *et al.*, 2003), Laurie Carr, Marco Iacoboni e outros autores do UCLA Neuropsychiatric Institute publicaram um estudo que se tornou referência no que diz respeito aos mecanismos neurais da empatia em humanos. Nele, pediu-se aos sujeitos que observassem a expressão facial da emoção, ou que também internamente a imitassem, enquanto eram obtidas imagens de ressonância magnética de seu cérebro.

O resultado desse trabalho indicou uma ativação da área facial pré-motora da ínsula e da amígdala, que uma "representação da ação" interna era parte essencial do reconhecimento emocional e que os "indivíduos empáticos mostram uma mímica não-consciente das posturas, maneirismos e expressões faciais dos outros (efeito camaleão) em quantidade maior do que os indivíduos não-empáticos" (Carr *et al.*, 2003, p. 5497).

O estudo mostrou que os sujeitos que mimetizavam internamente as expressões faciais observadas eram mais empáticos. Assim, não surpreende a conclusão de Kipper (1979) de que o método psicodramático do duplo seja eficiente no treinamento da empatia.

Thomas Lewis (2000) descreve a conexão dos sistemas límbicos entre mãe e filho, ou entre terapeuta e paciente, ou entre quaisquer dois indivíduos que estejam vivenciando empatia mútua: um fenômeno que ele chama de "ressonância límbica" (figura 2, página 40).

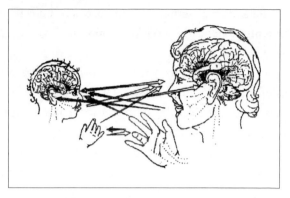

Figura 2 – Multidimensionalidade na comunicação mãe–criança
Fonte: Trevarthen, Aitken, 1994.

Mas como funciona?

Marco Iacoboni (2005, p. 96) cita um estudo de imagens de ressonância magnética que mostraram uma rede semelhante de áreas cerebrais ativadas tanto para imitação quanto para observação da emoção. Especialmente a área facial pré-motora, o setor dorsal da *pars opercularis* do giro frontal inferior, o sulco temporal superior, a ínsula e a amígdala, sugerindo um "circuito" empático do sistema do neurônio-espelho pré-motor, passando pela ínsula até o sistema límbico. Interrompa esse circuito de alguma maneira (por torniquete, ferimento ou falta de desenvolvimento) e você interromperá o fluxo da empatia.

Ralph Adolphs (2002) também indica a importância da simulação, no observador, da emoção observada, para o reconhecimento das emoções do outro. Ele chama a atenção para estudos lesionais (ou seja, de indivíduos com cérebros danificados) que mostram prejuízo no reconhecimento de expressões emocionais negativas como consequência de amígdala danificada. Os mesmos estudos apontaram que a lesão da ínsula esquerda e dos gânglios basais produziram limitação na capacidade de reconhecer expressões faciais de náusea e de vivenciar a mesma emoção em si próprio. Como Carr *et al.* (2003), ele se refere a estudos de ressonância magnética que mostram o córtex insular como um córtex sensorio-somático, ativado quando o sujeito processa expressões faciais de emoção.

Temos aí evidência científica de que a ressonância empática se funda na experiência do corpo ativo, como uma espécie de espelhamento que baseia a empatia, por meio de um mecanismo interno de dublagem. Esse espelhamento, que começa na infância (como um espelho literal[2], um precursor primitivo, pré-pessoal da empatia), dubla internamente o conteúdo emocional do outro e se torna o fundamento da empatia. Ele tem uma base física nos neurônios-espelho, dentro da estrutura neural do cérebro.

Ocasionalmente, esse espelhamento interno "transborda" e ativa os neurônios motores do observador que está testemunhando a emoção de outrem. Quando outra pessoa sofre um ferimento doloroso, nós gememos. E sabemos da natureza infecciosa da alegria e da raiva (contágio emocional), na medida em que nossos corpos espontaneamente dublam os que estão à nossa volta. Assim, de certa forma, a literatura da neurociência não está dizendo muito mais do que já sabíamos intuitivamente. A novidade é que ela vem conectando nossa experiência humana da empatia com os mecanismos cerebrais e as áreas que participam dos diferentes tipos de experiências, ajudando a estabelecer uma ponte entre as disciplinas da neurociência e da psicologia.

---

2. Como o cérebro do recém-nascido não é funcionalmente lateralizado, seu sistema sensório-motor/neurônio-espelho (ou seja, sua capacidade de imitar) é primitivo e ainda não diferenciado. De que forma o sistema do neurônio-espelho se diferencia é um tema de pesquisa importante, mas pode desenvolver-se na linha sugerida pelo esquema "Hierarquia Neural" (ver mais detalhes adiante neste capítulo). As reservas de Caveat Major ao papel dos neurônios-espelho são apresentadas por Susan Jones (2005, p. 205-10).

O cérebro social e o poder de imitação

"Por meio da imitação, há um caminho que vai da identificação à empatia, ou seja, que leva à compreensão do mecanismo pelo qual somos capacitados a assumir uma atitude em relação a outra vida mental" (Freud, 1955, p. 110).

Vista de uma perspectiva neurobiológica, a intersubjetividade é "o processo pelo qual a atividade mental (motivos, intenções, sentimentos, emoções) é transferida entre a mente do eu e a dos outros. [...] Os estados mentais são comunicados através de movimentos corporais (por exemplo, contemplar, falar, expressões faciais e postura) que são sinais de intencionalidade". Esse processo tem como base "mecanismos inconscientes de ressonância motora, que se baseiam em propriedades fisiológicas do sistema nervoso" (Decety, 2005, p. 119).

Descendo do espírito para a matéria (por assim dizer), a intersubjetividade se conecta, por meio da empatia, com o sistema dos neurônios-espelho do cérebro – já vimos a conexão entre empatia e neurônios-espelho. A conexão entre empatia e intersubjetividade remonta a Theodore Lipps, nos anos 1900, a quem Gallese (2003) faz uma referência histórica:

> Lipps (1903), que escreveu extensivamente sobre empatia, estendeu o conceito de *Einfühlung* ao domínio da intersubjetividade, que ele caracterizou em termos de imitação interior do movimento percebido dos outros. Quando eu estou olhando um acrobata andando sobre uma corda suspensa, diz Lipps, eu me sinto totalmente dentro dele (*ich fühle mich so in ihm*). Podemos ver aqui uma primeira relação sugerida entre a imitação (imitação "interior", nas palavras de Lipps) e a capacidade de compreender os outros atribuindo-lhes sentimentos, emoções e pensamentos.

O significado de um objeto, ação ou situação social pode ser comum a vários indivíduos, pelo fato de eles excitarem padrões compartilhados de ativação neural em seu respectivo cérebro. Como observa Jean Decety, "a imitação [interna] é um gesto que ativa o processamento neural da intenção que subjaz à ação observada" (Decety e Chaminade, 2005, p. 129). Dentro do cérebro do observador acontece uma ação virtual, que mimetiza neuralmente a ação observada – no sentido de que os mesmos neurônios pré-motores são ativados.

Esse é o mecanismo pelo qual, no cérebro do observador, gera-se o significado da ação observada. O observador diz, essencialmente: "isso é o que essa ação significaria para mim se eu a tivesse executado". É o que podemos chamar de "equivalência complexa" de ação, gesto ou expressão facial observados: agrega-se à observação da ação do outro um significado, equivalente ao que seria caso se tratasse de uma ação própria. Esse sentido agregado, ou interpretação, ou atribuição, pode ou não representar exatamente o sentido do ator observado. Entretanto, pode bem constituir a base neurológica da projeção. É quase certo que esteja na base do "espaço intersubjetivo".

A existência de um "espaço intersubjetivo" reflete o caráter entrelaçado da percepção, cognição e ação (Gallese, 2000), que depende da "ressonância", um conceito introduzido por Gibson (1966) e utilizado por Decety (2005, p. 121) na compreensão da intersubjetividade. A idéia de ressonância envolve um interjogo dinâmico entre indivíduo e meio, de tal forma que:

1. Toda percepção serve ao propósito de adaptação ao meio externo e portanto proporciona uma informação que orienta os comportamentos nesse meio.
2. Essa informação é dinâmica e multimodal.
3. Essa informação deve apresentar uma especificidade tal que os eventos externos propiciem oportunidades para agir, ou sofrer uma ação.

4. A percepção dessas oportunidades depende da sintonia daquele que percebe com determinadas invariâncias estimuladoras.

Daí que, de acordo com a interpretação de Shepard (1984), o organismo individual está em ressonância com padrões (multidimensionais e dinâmicos) correspondentes a invariâncias ambientais que são significativas para ele. Os aspectos não-ressonantes do meio são ignorados.

Sejam físicas ou emocionais, as representações perceptuais são compartilhadas por indivíduos que ressoam a invariâncias ambientais semelhantes. Essas representações compartilhadas proporcionam um núcleo de coesão cultural (ou de espécie) e formam uma base de emoções humanas compartilhadas.

Para ampliar um pouco a idéia de "ressonância", a intersubjetividade pode ser formatada do ponto de vista da hipótese do "compartilhamento múltiplo", de Gallese (v. Hurley e Chater, 2005, p. 7). A partir das ressonâncias compartilhadas entre organismos biológicos, pode surgir uma espécie de espaço intersubjetivo primitivo, que se desenvolve à medida que modelam as interações ambientais e desenvolvem ressonâncias motoras. Esse "espaço" é chamado por Gallese de "compartilhamento múltiplo" e surge antes de qualquer discriminação entre eu e outro. Conforme avança essa discriminação, a assim chamada "teoria da mente"[3] co-evolui de com acordo com as respostas comportamentais mútuas compartilhadas. Nos humanos, esse compartilhamento múltiplo "sustenta identificações intersubjetivas automáticas" (Hurley, Chater, 2005, p. 7) ao longo de um espectro de percepções e emoções. A base neural do compartilhamento múltiplo é o sistema expandido do neurônio-espelho. Tenho pa-

---

3. A "teoria da mente" se tornou um jargão na literatura da neurociência cognitiva, significando, mais ou menos, a capacidade da mente de uma pessoa de "saber" o que está acontecendo na mente de outra.

ra mim que essa é a base da comunicação entre o cérebro-direito de um e o cérebro-direito de outro – de Allen Shore e da "ressonância límbica" de Lewis (2000).

Já no dia seguinte ao nascimento, interagimos com os outros reproduzindo alguns de seus gestos e expressões faciais. A necessidade do organismo nascente de influenciar seu ambiente envolve o espelhamento (e eventualmente a modelação) do próprio meio, e a modelação da interação entre os dois. Esta envolve um relacionamento de interdependência, um espaço eu–outro, que pode ser compartilhado com coisas da mesma forma que com outros seres vivos – as coisas atuariam como "objetos intermediários", que se colocam no lugar de outros seres vivos (Gallese, 2005, p. 105).

Para concluir com um pouco de especulação, penso que já existe alguma evidência de uma hierarquia neural, da qual participam os neurônios-espelho em vários níveis. Do nível mais baixo (que poderia ser chamado de "material") ao mais alto (a que chamaríamos de "espiritual"), a hierarquia pode ser algo como isto:

Hierarquia neural baseada nos neurônios-espelho

1. Neurônios-espelho no córtex pré-motor ventral
2. Imitação pobre – espelhamento imitativo
   a. Aprendizagem imitativa
   b. Antecipação de ações de terceiros
3. Espelhamento constitutivo da representação cerebral do comportamento alheio
   a. Reconhecimento dos outros como seres intencionais como a pessoa
   b. "Representação da ação" e "representação da intenção", incluindo o que evitar
   c. "Equivalentes complexos" (padrões neurolingüísticos)

4. Imitação boa – assimilação do comportamento do outro
   a. Mediada pela ativação dos estereótipos sociais e traços da personalidade ("rude" ou "polido")
   b. Personificação ou "tornar-se" (fazer para ser)
   c. "Jogos da vida", de Berne
5. "Teoria da mente" – capacidade de imaginar empaticamente pensamentos e intenções na mente alheia, precursora da empatia ou inteligência social
   a. Meta-representação; compreensão de simulação, crença falsa, fraude, realidade aparente, diferentes perspectivas perceptuais
   b. Identificação com o "dramaturgo interior" próprio e dos outros
      i. Curiosidade a respeito de quem tem curiosidade sobre a cena
      ii. Curiosidade em relação a visões de mundo, tendências, pressuposições etc.
   c. Prejudicado em indivíduos com autismo
6. Intersubjetividade – reciprocidade do eu e do outro
7. "Teoria de Deus" – capacidade de imaginar empaticamente a "mente" de Deus
   a. Podemos falar de autismo teológico?
8. Iluminação – reciprocidade de eu e Deus

Referências bibliográficas

ADOLPHS, R. "Neural systems for recognizing emotion". *Current Opinion in Neurobiology*, v. 12, 2002.

CARR, L.; IACOBONI, M.; DUBEAU, Marie-C.; MAZZIOTTA, J.; LENZI, Gian-L. "Neural mechanisms of empathy in humans: a relay from neural systems for imitation to limbic areas". *Proceedings of the National Academy of Sciences*, v. 100, n. 9, p. 5497-502, 2003.

DECETY, Jean; CHAMINADE, Thierry. "The neurophysiology of imitation and intersubjectivity". In: HURLEY, S.; CHATER, N. *Perspectives on imitation.* v. 1. Cambridge: MIT Press, 2005. cap. 4.

DOBZHANSKY, T. "Nothing in Biology makes sense except in the light of Evolution". *The American Biology Teacher.* v. 35, p. 125-9, mar. 1973.

FREUD, S. "Project for a scientific psychology: Entwurf einer Psychologie". In: *Aus den Anfängen der Psychoanalyse.* London: Imago Pub. Co., 1950. [Manuscrito original da Sigmund Freud Collection, Library of Congress.]

_____. "Beyond the pleasure principle" (1920). In: *The standard edition of the complete psychological works of Sigmund Freud.* v. 18. London: Hogarth Press, 1955.

_____. "Group psychology and the analysis of the ego" (1921). In: *The standard edition of the complete psychological works of Sigmund Freud.* v. 18. London: Hogarth Press, 1955. p. 67-143.

GALLESE, V.; FADIGA, L.; FOGASSI, L.; RIZZOLATTI, G. "Action recognition in the premotor cortex". *Brain,* 1996, 119, p. 593-609. Disponível em: <http://brain.oxfordjournals.org/cgi/content/abstract/119/2/593>.

GALLESE, V. "The inner sense of action: agency and motor representations". *J. Consciousness Studies,* 7, p. 23-40, 2000.

_____. "The roots of empathy: the shared manifold hypothesis and the neural basis of intersubjectivity". *Psychopathology,* n. 36, v. 4, p. 171-80, 2003.

_____. *Intentional attunement: from mirror neurons to empathy.* Apresentaçao na 4th International Conference on Neuroesthetics: Empathy in the Brain and in Art, the Minerva Foundation, Berkeley, 2004.

_____. "Being like me: self-other identity, mirror neurons, and empathy". In: HURLEY, S.; CHATER, N. *Perspectives on imitation.* v. 1. Cambridge: MIT Press, 2005. cap. 3.

GAMWELL, L.; SOLMS, M. *From neurology to psychoanalysis: Sigmund Freud's neurological drawings and diagrams of the mind.* Nova York: Binghamton University Art Museum, State University of New York, 2006. Disponível em: <http://artmuseum.binghamton.edu/freudbook/>.

GIBSON, J. *The senses considered as perceptual systems*. Boston: Houghton-Mifflin, 1966.

HURLEY, S.; CHATER, N. *Perspectives on imitation*. Cambridge: MIT Press, 2005.

IACOBONI, Marco. "Understanding others: imitation, language, and empathy". In: HURLEY, S.; CHATER, N. *Perspectives on imitation*. v. 1. Cambridge: MIT Press, 2005. cap. 24, p. 77.

JONES, Susan. "The role of mirror neurons in imitation: S. Jones on Gallese". In: HURLEY, S.; CHATER, N. *Perspectives on imitation*. v. 1. Cambridge: MIT Press, 2005. cap. 8.4.

KIPPER, D. A.; BEN-ELY, Z. "The effectiveness of the psychodramatic doubling method, the reflection method and lecturing in the training of empathy". *Journal of Clinical Psychology*, 35, 2, p. 370-5, 1979.

LEWIS, T.; AMINI, F.; LANNON, R. *The general theory of love*. New York: Vintage House, 2000.

LIPPS, T. *Einfühlung, innere Nachahmung und Organempfindung*. Arch Ges Psy, v. 1, Leipzig, Engelmann, 1903.

MILNER, R. *The Encyclopedia of Evolution: Humanity's search for its origins*. New York: 1990.

OPPENHEIMER, S. *Out of Eden*. Londres: Constable & Robinson, 2004.

RAMACHANDRAN, V. S. "Mirror neurons and imitation learning as the driving force behind 'the great leap forward' in human evolution". *Edge*, n. 69, 29 mai. 2000.

RIZZOLATTI, G.; FADIGA, L.; GALLESE, V.; FOGASSI, L. "Premotor cortex and the recognition of motor actions". *Cogn. Brain Res.*, 3, p. 131-41, 1996.

RIZZOLATTI, G.; ARBIB, M. "Language within our grasp". *Trends in Neurosciences*, 21, p. 188-94, 1998.

SHEPARD, R. "Ecological constraints on internal representation: resonant kinematics of perceiving, imagining, thinking, and dreaming". *Psychological Review*, 91, p. 417-47, 1984.

TREVARTHEN, C.; AITKEN, K. J. "Brain development, infant communication, and empathy disorders: intrinsic factors in child mental health". *Development and Psychopathology*, 6, p. 597-633, 1994.

WICKER, B.; KEYSERS, C.; PLAILLY, J.; ROYET, J-P.; GALLESE, V.; RIZZOLATTI, G. "Both of us disgusted in my insula: the common neural basis of seeing and feeling disgust". *Neuron*, v. 40, p. 655–64, 30 out. 2003.

3

O conceito do eu em Moreno e a teoria emergentista do Eu (núcleo do eu) de Rojas-Bermudez[1]

Isabel Rosana Borges Barbosa
Georges Salim Khouri
Maria Lucia Machado
Rosana Maria de Sousa Rebouças

O conceito de eu em Moreno

O conceito de eu em Moreno está relacionado com o processo de desenvolvimento da pessoa, e foi o alicerce para a gênese da idéia da estruturação básica da personalidade (o núcleo do eu) elaborada por Rojas-Bermúdez.

Para Moreno (1993), buscar uma conceituação do eu fatalmente nos remeterá a uma esfera metapsicológica. Desse modo, procurou trabalhar com um conceito mais tangível, fenomenológico, que tem como base a experiência do indivíduo, fruto da dinâmica dos vínculos operacionais que se estabelecem

---

1. Capítulo elaborado com base nas referências conceituais das monografias: Maria Lúcia Machado, *Uso da técnica de construção de imagens no psicodrama*; e Georges Salim Khouri, *A construção de imagens com tecidos: para além de uma técnica aplicada em psicoterapia psicodramática bipessoal*, ambas defendidas na Associação Bahiana de Psicodrama e Psicoterapia de Grupo.

na interação relacional do sujeito com o outro – a relação complementar –, nos mais variados papéis requeridos pelos diferentes contextos.

A hipótese básica de Moreno define que "o eu emerge dos papéis", ou seja, o eu se estrutura gradualmente, à medida que o indivíduo vai desempenhando papéis ao longo do seu processo evolutivo. Antes e imediatamente após o nascimento, o bebê vive num universo indiferenciado, chamado por Moreno de matriz de identidade. Segundo esse autor, o bebê não distingüe o interno do externo, os objetos das pessoas, a psique do meio: sua existência é una e total. Essa matriz existencial é o *locus* para o surgimento dos papéis, onde o bebê vive suas primeiras experiências. Na passagem do feto pelo canal uterino, a criança é aquecida e estimulada fisicamente, dando início ao surgimento do modelo psicossomático (fisiológico). Moreno aponta alguns aspectos da idéia de matriz que esclarecem sua importância para o surgimento e desenvolvimento do eu:

> Essa matriz é existencial, mas não é experimentada. Pode ser considerado o *locus* donde surgem, em fases graduais os papéis. Os papéis são os embriões, os precursores do eu, e esforçam-se por se agrupar e unificar. (Moreno, 1978, p. 25)

Os primeiros papéis desempenhados pelo indivíduo estão diretamente relacionados com as funções fisiológicas fundamentais para a manutenção da vida (papéis psicossomáticos). O primeiro ato respiratório inaugura o primeiro papel, o papel de respirador e, quase concomitantemente, emergem as funções fisiológicas de **ingerir**, **defecar** e **urinar**. Essas funções, geneticamente programadas, não estão automatizadas ao nascer e surgem a partir das primeiras experiências de interação do indivíduo com o ambiente – aspecto de suma importância, na visão de Moreno, para a formação do eu. O surgimento e desempenho dos papéis psicossomáticos são fundamentais para o surgimento dos demais papéis[2], indispensáveis à sobrevivência do indivíduo em relação ao meio.

Para Rojas-Bermúdez (1997, p. 346), o produto do desenvolvimento e da integração progressiva e simultânea desses diversos fatores permite a **emergência de um psiquismo organizado**.

Entre os papéis psicossomáticos, que são os primeiros a aparecer, desenvolvem-se **vínculos operacionais complexos que os unem**, culminando com a **integração numa unidade** (Moreno, 1993, p. 25). Inicialmente teríamos um **"eu parcial"**, um conglomerado de papéis fisiológicos. Os papéis subseqüentes, sejam os papéis psicodramáticos ou os sociais, seguiriam a mesma lógica, formando progressivamente o **eu fisiológico**, o **eu psicodramático** e o **eu social**. O **eu unificado** é o **eu tangível** que se manifesta numa fase mais tardia, por meio dos papéis. A criança, em seu desenvolvimento, vai experimentando várias emoções e sensações em conformidade com os papéis em ação. O quadro 1 apresenta o papel manifesto e as áreas de experiência ou vivencial correspondentes.

Quadro 1 – Correspondência entre papel manifesto e áreas de experiência

PAPEL MANIFESTO	ÁREA DE EXPERIÊNCIA
Papel psicossomático	Corpo
Papel psicodramático	Psique
Papel social	Sociedade

---

2. Moreno (1993, p. 28) inclui três dimensões na teoria dos papéis: a dimensão psicossomática (fisiológica), a social e a psicodramática (dimensão psicológica do eu).

Corpo, psique e sociedade são, para Moreno, partes intermediárias do eu total. Admitir que os papéis surgissem do **eu** seria supor que todos os papéis já estivessem implantados nesse **eu**, ou seja, que já estivessem preestabelecidos, contrariando a possibilidade do sujeito homem que, com a criatividade em potência, aguarda a energia catalisadora da espontaneidade para responder com um **ato criador (uma realização)** às demandas desse mundo dinâmico no qual ele está imerso.

A estruturação do psiquismo em Rojas-Bermúdez

Sobre Rojas-Bermúdez

Psiquiatra, nascido em 1926 na Colômbia, na cidade de Tunja, formou-se em medicina em Buenos Aires, com especialidade em psiquiatria, tem formação psicanalítica e, segundo Soeiro (1995), pertenceu à Associação Psicanalítica Internacional (IPA).

Em 1957, iniciou atividades psicodramáticas no Instituto de Neuroses de Buenos Aires, mas foi em 1962 que teve contato direto com J. L. Moreno, no Moreno Institute, em Nova York. Em 1963, realizou como interno sua formação em psicodrama e recebeu o título de Diretor de Psicodrama no World Center for Psychodrama, Sociometry and Group Psychotheray (Soeiro, 1995, p. 25).

Em Buenos Aires, fundou a Associação Argentina de Psicodrama e Psicoterapia de Grupo, e viu o movimento psicodramático difundir-se rapidamente em toda a Argentina e em outros países, particularmente Brasil e Uruguai. Bermúdez também ministrou, de 1968 a 1970, curso de formação em psicodrama na cidade de São Paulo, onde fundou, junto com profissionais brasileiros, o Grupo de Estudos de Psicodrama.

Em 1995, fundou a ASSG (Associación para el estudio e investigación en Sicodrama y Sicoterapia de Grupo), entidade que congrega profissionais da área da psicologia e psicoterapia formados segundo o modelo da escola argentina. Atualmente, reside na Espanha, na cidade de Sevilha.

Rojas-Bermúdez introduziu modificações e inovações teóricas e metodológicas que lançam luz na compreensão moreniana do homem e ampliam as possibilidades terapêuticas do psicodrama. Hoje, sua escola mantém duas linhas de investigação principais: o corpo e seus aspectos expressivos e comunicacionais, e a imagem, estruturação de imagens e imagens psicodramáticas. As pesquisas desenvolvem-se baseadas em estudos avançados sobre o cérebro (Soeiro, 1995).[3]

A teoria emergentista do eu (o núcleo do eu)

Tomando como ponto referencial as idéias de Moreno, de Pichon-Rivière, da etologia, da fisiologia, embriologia, anatomia, psicologia evolutiva, psiquiatria, psicologia social e de inúmeros autores da neurociência e da psicanálise, Rojas-Bermúdez (1997, p. 344-6), elaborou a teoria emergentista da personalidade ou a **teoria do núcleo do eu,** como é mais conhecida. Trata-se de um esquema teórico, genético e estrutural que integra os fatores biológicos, psicológicos e sociais que intervêm no processo de individualização do ser humano. O conceito de papel psicossomático de Moreno foi fundamental para esta teoria, pois deu suporte teórico para compatibilizar tempo e espaço, integrando a coerência evolutiva e estrutural em que o processo de interação – a relação de complementaridade – é a responsável pela experiência evolutiva.

---

3. Ver também site da ASSG – Asociación para el estudio e investigación en Sicodrama e Sicoterapia de Grupo: <http://www.assg.org>.

Na investigação sobre as relações complementares, o paradigma constitui-se na interação boca–seio, incorporando a idéia de zona[4] com um sentido sociométrico, ou seja, envolvendo as partes que interagem entre si. Em nível micro, recorreu à neurofisiologia para investigar os componentes que se encontram envolvidos nas diferentes formas de interação. Com essa pesquisa, funda os conceitos de Estrutura Genética Programada Interna – EGPI (genética) e Externa – EGPE (social), sugerindo a pré-existência (pré-programação) de configurações complementares tanto no sujeito quanto em seu ambiente. O resultante dessa experiência de interação genética–social foi denominado de **marcas mnêmicas**, registros fundamentais para a organização do psiquismo.

A organização do psiquismo é conseqüência, por um lado, das primeiras experiências sensoriais compostas por estímulos tácteis, térmicos, posturais, gustativos, visuais e auditivos e, por outro lado, dos receptores correspondentes. Os elementos que vão participar dessa interação estão programados geneticamente, porém a forma como ocorrerá essa interação complementar é específica para cada indivíduo.

> A estruturação do psiquismo resulta das diferentes interações do indivíduo com o meio. Primeiro, segundo as pautas genéticas (núcleo do eu) e, mais tarde, como fruto da aprendizagem social (eu e papéis). Os registros das interações pautadas geneticamente se integram no núcleo do eu, que passa a ser uma espécie de marca-passo fisiológico incidindo permanentemente no eu ao constituir

---

4. O conceito de Zona em Moreno, diferentemente do conceito de Zonas Erógenas em Freud (focalizadas em certas regiões que são fonte de uma excitação do tipo sexual), traz um sentido sociométrico. Para Moreno, trata-se de uma área da qual, por exemplo, a boca, o mamilo do peito materno, o leite e o ar entre eles são fatores contribuintes (Moreno, 1993, p. 108).

a estrutura básica da personalidade e ser para ele uma fonte preferencial de estímulos. Os registros resultantes da aprendizagem social, que se iniciam aproximadamente a partir dos primeiros anos de vida, se integram no eu e muitos deles são sistematizados pelo eu passando a fazer parte dos papéis sociais que pouco a pouco vão configurando o chamado esquema de papéis. Desde um ponto de vista neural, a localização correspondente ao núcleo do eu é o sistema límbico, enquanto a do esquema de papéis é o neocórtex. (Rojas-Bermúdez 1997, p. 347)

A representação para o núcleo do eu derivou da integração dos processos evolutivos (papéis psicossomáticos) com as três áreas (mente, corpo, ambiente) de Pichon-Rivière (Esquema da pessoa). Na figura 1, podemos compreender graficamente a representação dessa idéia.

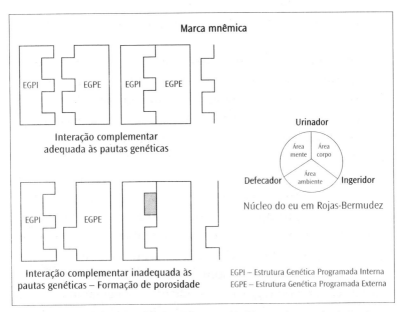

Figura 1 – Interação entre as estruturas genéticas programadas interna e externa e a representação do núcleo do eu

Bermúdez considera que a primeira manifestação do psiquismo é o "si-mesmo fisiológico" (SMF), nome dado por ele à sensação de existir que deve experimentar o recém-nascido a partir do esforço integrador do ato de nascer.

Ao nascer, o sistema nervoso do bebê apresenta um predomínio da maturação do sistema interoceptivo sobre o extero e o proprioceptivo, fazendo que as sensações viscerais predominem sobre as outras e o tipo de resposta tenda a ser global e inespecífico.

Nesse psiquismo indiferenciado, no qual não existe distinção entre fora e dentro, no qual ocorre uma série de fenômenos que comprometem todo o organismo, começa a se destacar com maior intensidade, continuidade e ritmo a sensação de fome e saciedade. O bebê é, num momento, todo fome e, depois, todo saciedade.

A repetição experiencial e a maturação do sistema nervoso permitem a discriminação entre as EGPE e as EGPI, ou seja, estímulo – conteúdo, receptor – continente e o surgimento da marca mnêmica que resulta da complementaridade entre as duas estruturas.

A integração progressiva dos segmentos possibilita o trajeto no espaço até chegar à boca, zona de diferente sensibilidade (exteroceptiva), frente ao mesmo estímulo. O papel de ingeridor (PI), então, surge da complementaridade das Estruturas Genéticas Programadas Internas e Externas, da descarga tensional cíclica resultante da saciedade, da integração em nível experiencial, do trato gastro-esôfago-bucal e da maturação do sistema exteroceptivo. Tudo isso culmina com a descoberta do espaço exterior, o exoral, que, a princípio, corresponde ao próprio conteúdo (alimento) e, a seguir, abrange todos os estímulos gratificantes e desagradáveis quanto à ingestão e aos cuidados maternos.

Todo o conjunto dos estímulos normais e patológicos passará a fazer parte do registro. A resultante da integração de todos estes fatores é o modelo de ingeridor pronto por volta dos 3 meses, ilustrado por Bermúdez (1984, p. 74) como na figura 2.

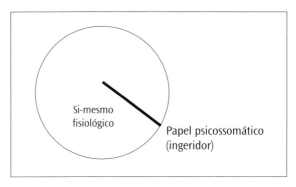

Figura 2 – Modelo ingeridor

Nesse período, começa a estruturação do papel de defecador (PD), que termina por volta dos 8 meses de idade. Começa com a formação das primeiras fezes sólidas, que atraem sobre si e focalizam, novamente, a atenção dentro do si-mesmo fisiológico, repetindo-se o processo de diferenciação assinalado anteriormente: discriminação de conteúdo e continente, espaço interior, trajeto, zona de diferente sensibilidade (ânus) e espaço exterior – onde deposita os conteúdos –, o exanal. O aparecimento da dentição determina o deslocamento do foco de atenção da criança do exanal para a boca e a mastigação, uma vez que passa a ingerir alimentos sólidos e semi-sólidos.

É, portanto, a erupção dentária que interrelaciona o exanal com a ingestão. A atenção do bebê concentra-se no bolo alimentício, percorre o trajeto correspondente ao papel de ingeridor (PI), integra esse segmento com o papel de defecador e assiste à formação do cocô, completando o circuito, ligando o indivíduo ao meio. O espaço exterior – a princípio, a continuação do espaço interior – é o "si-mesmo psicológico sincrético" (SMPS), resultado da integração do PI com o PD, que delimita a área ambiente dentro do SMF. Ilustrado por Bermúdez como na figura 3 (página 58).

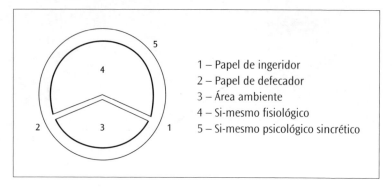

Figura 3 – O si-mesmo psicológico sincrético

O SMPS, resultante da integração do exoral e do exanal, oferece à criança um território próprio para seu desenvolvimento e abrange tudo aquilo com que tenha se unido emocionalmente, a tal ponto e de maneira tão forte que é vivido como parte de si mesmo, "o meu". Nesse período, ainda não existe o "eu".

O modelo de defecador, que inclui também todas as experiências vividas durante a formação do PD, é ilustrado por Bermúdez como na figura 4.

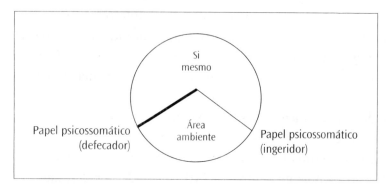

Figura 4 – Modelo defecador

Em seguida, começa a estruturação do papel de urinador (PU), que ocorre, aproximadamente, entre os 8 e os 24 meses de idade. Essa estruturação culmina com o controle esfincteriano que possibilita a separação entre a área mente (com suas imagens) e a área corpo (com suas sensações, sentimentos etc.) (figura 5).

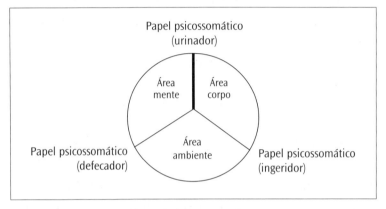

Figura 5 – Modelo urinador

Bermúdez divide esse processo em duas fases: a vesical e a uretral. A primeira se inicia por volta dos 8 meses, encontrando a criança com sua atenção centrada no SMPS, respondendo à multiplicidade de estímulos ambientais que eliciam seus sentidos cada vez mais aguçados.

A "aquisição de atos" se converte numa atividade incessante que requer toda sua atenção. Sentada com apoio, a criança observa tudo que se passa a seu redor. E a atração exercida pelos estímulos ambientais desencadeia respostas motoras que, ao organizarem-se, favorecem tanto a integração viso-motora como a preensão dígito-polegar e a articulação dos sons.

As relações que a criança estabelece com as pessoas e os objetos, nesse período, são do tipo "tudo ou nada", indivíduo–meio.

Isto é, quando a criança centra a atenção sobre um objeto novo, este passa a ser tudo; e o objeto deixado, nada.

Bermúdez destaca três processos fundamentais, que são integrados pela experiência e resultam na estruturação do papel de urinador.

1. Os resultantes da interação da criança com os estímulos sensoriais que provocam respostas motoras, as quais vão se organizando até configurarem os atos.
2. Os que acontecem internamente, provocados pela tensão vesical.
3. Os que resultam do começo da atividade mental.

A aquisição dos atos (programados geneticamente) se caracteriza pela repetição incansável de uma série de movimentos até alcançar a finalidade esperada: a aquisição do ato. Cada ato adquirido integra aspectos sensoriais e motores, em função de uma circunstância ambiental. Ou seja, cada marca mnêmica resulta das interações entre o corpo e o ambiente. Logo, a grande atividade sensório-motora da criança, por meio dos registros que produzem, é a base sobre a qual se estrutura uma organização cerebral coerente com seu meio – a articulação da criança a seu ambiente.

As dificuldades para alcançar a integração sensório-motora e a falta de sinergia entre extensores e flexores geram uma tensão emocional que acompanha o processo de aquisição de atos. Tais tensões sensório-motoras contribuem para o aparecimento da sensação maciça e generalizada no si-mesmo fisiológico, desencadeada pela tensão vesical. Esse foco interoceptivo atrai a atenção toda para si, deslocando-a da atividade motora. Assim, a atenção passa da área ambiente para o SMF, retornando para a primeira, como resultado da descarga tensional da micção, que, ao se produzir, deixa de ser foco de atração da atenção, ficando livre. A alternância de sensações entre a área ambiente e o SMF gera o processo de estruturação do PU.

As marcas mnêmicas resultantes da aquisição de atos entram, progressivamente, em atividade e convertem-se no terceiro foco de estimulação. À medida que os atos são automatizados e as tensões sensório-motoras correspondentes são reduzidas ao mínimo, a atividade mental se incrementa e atrai sobre si a atenção.

A atividade mental se torna mais evidente para a criança antes de dormir, quando desaparecem os estímulos ambientais e sua atenção espontânea pode ser atraída pelos débeis estímulos interiores.

A dificuldade para adormecer nessa fase, ou o sono interrompido muitas vezes durante a noite, constituem as primeiras manifestações das tensões produzidas pela ativação das marcas mnêmicas incipientes, incompletas e confusas. Estas geram sensações estranhas e imagens desconhecidas, chamadas por Bermúdez de "imagens monstruosas" para enfatizar sua constituição anômala em relação às imagens oferecidas pelo ambiente: o claro, discriminado e conhecido, está fora; o confuso e desconhecido são as imagens que se manifestam dentro de si.

A atividade mental surge, então, como uma manifestação inquietante e perturbadora. Sua intensidade se deve à falta de discriminação existente entre a área corpo e a área mente, fazendo que a ativação das marcas mnêmicas seja vivida como um fato que está realmente ocorrendo.

As imagens perturbadoras, geradoras de tensões interiores favorecem o incremento da diurese e, conseqüentemente, a tensão intravesical. Dessa maneira, as tensões mentais são seguidas das tensões vesicais, que, por sua vez, resultam na descarga tensional da micção, ficando estas experiências estreitamente interligadas. Com a repetição dessas experiências, quando se produz a cavitação, discrimina-se o continente (bexiga, corpo) do conteúdo (urina), discrimina-se o que pertence, o acessível, o que sempre está do aleatório, inacessível e mutante; ou seja, o corpo por uma parte e as tensões mentais, sensório-motoras e a urina por outra. É a discriminação entre área corpo e área mente.

Os processos inibitórios neuronais, estimulados pelo "não" dos adultos que interrompem os atos recém-iniciados pela criança, produzem a discriminação dos atos em si do seu registro. Dessa forma, as marcas mnêmicas tornam-se independentes do compromisso corporal, e sua ativação não desencadeará, necessariamente, os atos correspondentes. Tal inibição motora, porém, não impede que as imagens, que surgem da ativação das marcas mnêmicas, apresentem em suas configurações a resultante das interações ocorridas entre corpo e ambiente. Assim, com base nos registros, estabelece-se um novo tipo de relação integral com o ambiente. Esta relação, no núcleo do eu, corresponde à integração da área mente com a área ambiente, atingindo nesse ponto uma integração das três áreas: corpo, ambiente e mente, que formam o núcleo do eu (figura 6) (Rojas-Bermúdez, 1984, p. 74).

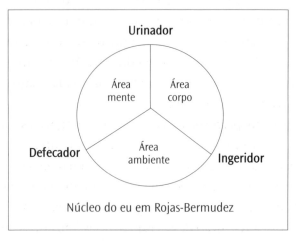

Figura 6 – Núcleo do eu

A segunda e última fase da estruturação do PU, a uretral, caracteriza-se pelo prazer uretral, conjunto de sensações prazerosas desencadeadas pela passagem da urina pela uretra durante a micção, e processa-se diferentemente em cada um dos sexos em função das diferenças anatômicas da uretra. Isso resulta em dois modelos de comportamento frente à micção e ao prazer uretral: o feminino e o masculino.

Nesse período, a criança descobre o prazer genital com a manipulação do pênis pelo menino e do clitóris pela menina. Essa masturbação exploratória manual é também ponto de partida dos processos de autoconhecimento importantes para a formação do esquema corporal.

Uma vez estruturado o PU, a criança centra cada vez mais a atenção na zona esfincteriana – zona de transição entre a tensão vesical e o prazer uretral –, dando início ao controle dos esfíncteres.

A micção reflexa desencadeada pela tensão intravesical que pressiona o esfíncter liso ou interno da uretra, dando lugar à descarga tensional da micção e o prazer uretral, se vê modificada pela intervenção do esfíncter estriado ou externo. Este entra em atividade ao culminar os processos de mielinização do sistema da vida de relação, que, portanto, responde à vontade. A criança, então, descobre que pode reter a urina, no início transitoriamente, e, depois, por um período mais prolongado – produzindo, neste último caso, sensações locais que rapidamente a comprometem em sua totalidade e desencadeiam uma série de respostas motoras que a levam a cruzar e descruzar as pernas, entre outros movimentos. A criança percebe que todos esses fenômenos desaparecem com a micção e que a intensidade do prazer uretral estará em consonância com a tensão intravesical e a inquietude motora anteriores.

Com base nessas reações sensório-motoras, a criança pode optar pela micção ou pela retenção voluntária. A possibilidade de optar, de tomar uma decisão pessoal em função de suas sensações e experiências, inicia a estruturação do eu (Rojas-Bermúdez, 1984, p. 406).

Esta configuração dinâmica, estruturada na base do jogo de sensações e de seu controle motor, agrega-se à incidência do ambiente, que reage ao captar a inquietude motora da criança.

A intervenção do adulto, ao orientá-la para urinar, é a princípio bem recebida, porque traz solução para suas sensações. Porém, à medida que suas atividades lúdicas e sociais aumentam, a criança trata de postergar a micção para não ter de interromper a brincadeira. A intervenção do adulto torna-se então perturbadora, desencadeando o processo de reflexão – como ele(a) sabe que eu quero urinar? – e a percepção das mensagens naturais que o põem em evidência.

Começa, assim, o encobrimento da linguagem corporal e de todos os sinais que podem ser significativos para os adultos. Além das manifestações fisiológicas, a criança passa a ocultar também atos e comportamentos que, a seu ver, poderiam ser conflitivos com o ambiente. Dessa forma, com seu eu incipiente e de posse de seus conteúdos, busca salvaguardar-se do ambiente e individuar-se.

Como foi visto, a teoria de Rojas-Bermúdez está completamente de acordo com Piaget quanto à época em que surgem as imagens mentais: por volta dos 2 anos. Embora ambos partam do sensório-motor para a atividade mental, ressaltam aspectos diferentes para explicar o desenvolvimento da criança nesse período. Quando falam de imagem, Piaget ressalta o aspecto simbólico, enquanto Bermúdez chama a atenção para os aspectos neurofisiológicos em interação com o ambiente, ou seja, os aspectos neuropsicológicos.

Moreno fala em "fome de atos", Piaget fala em "período sensório-motor" e Bermúdez em "aquisição de atos". Cada um, a seu modo, ressalta a passagem gradativa de uma linguagem motora para uma linguagem mais simbólica, que envolve: imagens, pensamentos, palavras.

Bermúdez ressalta muito bem que as experiências desse período, que vão até os 2 anos, constituem a particularidade de cada indivíduo. São o núcleo, a base da personalidade, e influenciarão em todos os papéis sociais que ele possa vir a desempenhar. Sobre isso, Henri Wallon, médico e psicólogo nascido em Paris em 1879, referiu-se como a "noção do corpo próprio", a noção que a criança tem de seu corpo físico. Trata-se da cenestesia, um problema da psicogênese:

> Com efeito, a necessidade, geralmente incontestada, de admitir a existência de correlações orgânicas para os fatos da vida psíquica, leva muitas vezes a considerar a cenestesia, ou sensibilidade do corpo próprio, como substrato do sentimento de personalidade. (Wallon, 1995, p. 167)

Com isso, conclui-se que o eu natural, a essência do indivíduo, parece estar mais ligado a uma memória corporal ou, para usar os termos de Piaget, a uma memória de reconhecimento – "a memória de um esquema é o próprio esquema" (Piaget, Inhelder, 1986, p. 71) –, que só pode ser evocada com a própria ação (dramatização) ou com a forma (imagem). Essa seria, então, uma das grandes vantagens da metodologia psicodramática sobre as outras, que excluem o corpo e a ação, no aqui e agora. A linguagem verbal resgata apenas a memória de evocação e possibilita dar sentido à experiência vivida nas cenas e nas imagens. Falando para os outros – grupo, ego-auxiliar ou terapeuta –, o sujeito se escuta, se organiza e elabora.

É importante ressaltar que a metodologia psicodramática não exclui o verbal; pelo contrário, enriquece-o e o amplia com a inserção do corpo, da ação e das imagens.

A imagem mental e os hemisférios cerebrais

Muito pouco conhecido até a metade do século passado, o cérebro humano tem sido estudado com a utilização de técnicas mais modernas, trazendo, nas últimas décadas, resultados muito importantes, não só para a medicina, como para a psicologia, a pedagogia etc.

Além dessas novas técnicas, a observação de pacientes que sofreram lesões cerebrais ou foram submetidos a cirurgias neurológicas possibilitou uma maior compreensão do funcionamento do cérebro.

Algumas descobertas sobre o funcionamento dos hemisférios cerebrais vieram reforçar as idéias de Bermúdez sobre a imagem psicodramática. Antes de desenvolvermos essa temática, é fundamental compreendermos o significado da realidade biológica. Aquilo que tomamos como realidade não é independente de nós; é sempre realidade – para nós. O conhecimento aparece não como uma reprodução fiel da realidade exterior, mas como uma versão dela: há um mundo real exterior que não é diretamente acessível ao conhecimento (Duran, 1999).

> A realidade biológica é a que ocorre nas profundezas de nosso sistema nervoso e está condicionada ao tipo de informação que oferecem seus receptores e ao tipo de respostas que os efetores permitem realizar. Trata-se, pois, de um sistema que tem um **fechamento operacional**. Dentro deste fechamento operacional do sistema nervoso há dois sistemas a considerar: a) **SISTEMAS NEURONAIS COMPROMETIDOS**: estão pré-programados e regulam o meio interno e as biofunções do animal recém-nascido; b) **SISTEMAS NEURONAIS PLÁSTICOS**: não comprometidos e auto-organizados que se encontram conectados uns aos outros, formando um supersistema neural plástico. Estes sistemas permitem a aquisição de novas biofunções durante a vida animal. (Rojas-Bermúdez, 1997, p. 356)

Quadro 2 – Os sistemas neuronais e suas estruturas correspondentes

SISTEMAS	ESTRUTURAS CORRESPONDENTES
Sistemas neuronais comprometidos	Núcleo do eu
Sistemas neuronais plásticos	Eu

A relação entre os sistemas e as estruturas correspondentes formuladas por Rojas-Bermúdez pode ser observada no quadro 2.

É importante salientar que os registros do núcleo do eu adquirem uma função de organizar e orientar as tomadas de decisões futuras por parte do eu. Esse modelo de compreensão do psiquismo integra os aspectos genéticos e ambientais em torno de uma série de experiências que ocorrem ao exercer certas funções fisiológicas indispensáveis e que são registradas no sistema nervoso central (SNC). Acontece uma integração de diferentes funções participantes desse processo, emergindo daí novas atividades, cada vez mais complexas.[5] Em outras palavras, o psiquismo se funda (emerge) a partir das interações produzidas entre o indivíduo e o meio. Para isso, é necessário que o SNC tenha alcançado um certo grau de maturação.

O termo "eu" identifica um conjunto de funções específicas do neocórtex resultante da organização neural, alcançada durante o processo de desenvolvimento nos primeiros dois anos de vida e que continuam até a entrada na puberdade. Dessa forma, suas características e capacidades dependem do grau de organização cerebral alcançado, que por sua vez depende da aprendizagem resultante das inúmeras interações indivíduo–meio. Com a organização do neocórtex, a capacidade reflexiva se funda e o

---

5. Rojas-Bermúdez (1997, p. 359) cita a integração funcional emergentista (IFE) como a dinâmica da integração dos biossistemas.

perceber e o pensar passam a ser constantes. Como fruto dessa organização tem-se a diferenciação hemisférica (Direito – HD e Esquerdo – HE), a especialização e predominância de um hemisfério sobre o outro. Ao representar o esquema de papéis, Rojas-Bermúdez (1997, p. 362-6) subdividiu o eu em duas capas, conforme o quadro 3 e a figura 7.

Quadro 3 – A submissão do eu e suas interfaces

CAPAS	INTERFACE
EU NATURAL	• Interna • Contato com o núcleo do eu
EU SOCIAL	• Externa • Contato com a estrutura social

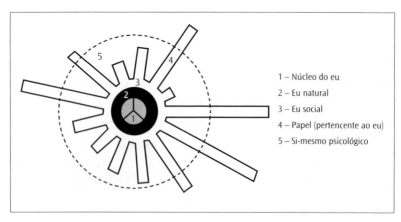

Figura 7 – Núcleo do eu e subsistemas natural e social

Dinamicamente, tem-se então dois subsistemas com atividades bem diferenciadas. As atividades do primeiro constituem o subsistema natural e as atividades do segundo, o subsistema social (quadro 4).

Quadro 4 – A composição dos subsistemas natural e social

SUBSISTEMA	COMPOSIÇÃO
1. NATURAL	• Núcleo do eu • Eu natural
2. SOCIAL	• Eu social • Si-mesmo psicológico • Estrutura social

Da integração funcional emergentista destes dois subsistemas resulta o "eu integral" (figura 8).

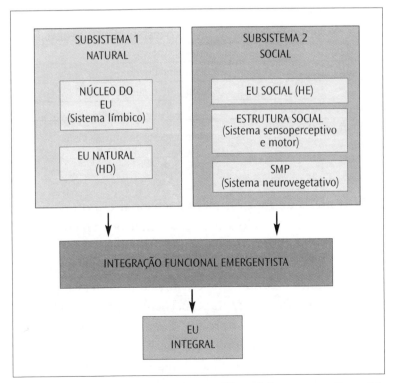

Figura 8 – Esquema da integração funcional dos subsistemas natural e social elaborado com base em Rojas-Bermúdez (1997)

O subsistema natural resulta da:

Progressiva integração dos circuitos nervosos, resultantes das experiências viscerais, sensoriais, glandulares e motoras, produzidas durante o processo de inserção do indivíduo em seu meio natural, e constitui a base da primitiva organização cerebral. (Rojas-Bermúdez, 1997, p. 422)

As correspondências neurais dessas formações podem ser entendidas conforme demonstrado no quadro 5.

Quadro 5 – Correspondência neural das estruturas dos subsistemas natural e social

ESTRUTURA	CORRESPONDÊNCIA NEURAL
Núcleo do eu	Sistema límbico
Eu natural	Hemisfério direito
Eu social	Hemisfério esquerdo
Si-mesmo psicológico	Sistema neurovegetativo
Estrutura social Papéis	Sistema sensoperceptivo e motor

Nos níveis de funcionamento sensorial e motor simples, de funções básicas, como a análise de sensações e o controle de movimentos predominantes nos dois primeiros anos de vida (*aquisição de atos*), há uma simetria funcional. Por outro lado, entre 2 e 5 anos – devido à especialização hemisférica que condiciona a *aprendizagem de atos* e, particularmente, os relacionados com a comunicação –, produz-se a assimetria funcional.

O registro dos atos aprendidos no hemisfério esquerdo integra ou inibe os anteriores até configurar uma estrutura funcional específica, que se diferencia por completo da estrutura do outro hemisfério.

Cada hemisfério, então, ao diferenciar-se, especializa-se em uma série de funções que, por momentos, poderão fortalecê-lo ou inibi-lo de acordo com as circunstâncias. A especialização, em vez de duplicar informações, multiplica as possibilidades dos hemisférios e, conseqüentemente, do eu. A metodologia psicodramática estimula o funcionamento do hemisfério direito, favorecendo a integração dos dois hemisférios.

O funcionamento do subsistema natural caracteriza-se pela capacidade para processar informações recebidas de maneira simultânea. Isso permite ao indivíduo situar-se em cada momento em relação ao espaço que o rodeia e avaliar suas possibilidades para, assim, tomar decisões mais adequadas a suas necessidades imediatas. "O conjunto dessas informações simultâneas integradas configura as imagens mentais" (Rojas-Bermúdez, 1997, p. 423).

As imagens são, portanto, o resultado da elaboração de múltiplas e variadas interações seletivas, tanto no nível dos receptores sensoriais seletivos, quanto dos interneurônios sensoriais seletivos e neurônios centrais seletivos, caracterizando-se como polimodais.

Uma série de classificações tem sido usada para descrever os processos cerebrais desde as primeiras operações de comissurotomia. Em geral, as características dos hemisférios mais amplamente citadas contemplam cinco grupos principais (quadro 6).

Quadro 6 – As características comparativas entre HE e HD

HEMISFÉRIO ESQUERDO	HEMISFÉRIO DIREITO
Verbal	Não-verbal, viso-espacial
Seqüencial, temporal, digital	Simultâneo, espacial, analógico
Lógico, analítico	Gestáltico, sintético
Racional	Intuitivo
Pensamento ocidental	Pensamento oriental

As descrições próximas do topo da lista parecem estar baseadas em evidências experimentais e as outras, em mais especulativas. A distinção verbal–não-verbal, por exemplo, foi a primeira a emergir dos estudos de comissurotomia e das pesquisas comportamentais com pessoas normais. A distinção seqüencial–simultâneo reflete um modelo teórico e atual, embora não aceito universalmente, que considera que o hemisfério esquerdo tende a lidar com as mudanças rápidas no tempo e a analisar os estímulos em termos de detalhes e aspectos, enquanto o hemisfério direito cuida das relações simultâneas e das propriedades mais globais dos padrões. Nesse modelo, o HE é algo semelhante a um computador digital e o direito é parecido com um computador analógico. [...] A idéia de que os dois hemisférios são especializados em diferentes modos de pensamentos levou ao conceito de hemisfericidade – um determinado indivíduo conta mais com um hemisfério do que o outro. Presume-se que essa utilização diferencial se reflete no "estilo cognitivo" do indivíduo. [...] Diferentes fontes têm afirmado que a hemisfericidade se estende não só à percepção, mas a todos os tipos de dimensões intelectuais e de personalidade. (Ornstein in Springer, Deutsch, 1998, p. 317)

Os milhões de conexões que existem entre os dois hemisférios (corpo caloso) permitem a integração e a complementaridade entre eles. A princípio, os hemisférios estão igualmente ativos; à medida que se incrementa o processamento de algumas informações, produz-se um atuar predominante de um sobre o outro. Se a informação que se está processando é do tipo imagem, o HD tomará a direção. Se as informações são do tipo seqüenciadas (falar, ler, escrever etc.), predomina o HE. **A predominância funcional não significa bloqueio de um dos hemisférios; simplesmente demarca no espaço-tempo eventos mentais distintos e correlacionados.** Assim, por exemplo, se estou lendo um texto qualquer que descreve uma paisagem, posso evocar a elaboração de uma imagem mental correspondente à paisagem descrita (HE → HD). Da mesma forma, se estou relembrando uma cena dramática por que passei, posso evocar e expressar palavras correspondentes à cena (HD → HE). Quaisquer destas situações, apesar da mudança do sistema de pensamento, não nos faz sentir divididos; pelo contrário, a sensação é de perfeita integração. Por isso, recordar um rosto e o nome não chegar à memória é frustrante, e experimentamos o fato como uma deficiência pessoal. O mesmo acontece quando lembramos de um nome e não evocamos o rosto (a imagem).

Na dinâmica de interação entre o subsistema natural (HD) e o social (HE), a proporção entre os processos sensitivos-sensoriais e os motores varia conforme o indivíduo vai adquirindo sua autonomia em relação ao meio físico e social. A ênfase na linguagem e no pensamento lógico, nas sociedades ocidentais, assegurou que o hemisfério esquerdo fosse bem exercitado (Ornstein in Springer, Deutsch, 1998, p. 319). Em conseqüência disto, o predomínio da comunicação falada ou escrita pela intensa atividade social tem contribuído fundamentalmente para o predomínio do subsistema social em detrimento do natural.

As idéias recentes sobre a natureza da especialização hemisférica e a função do corpo caloso parecem corroborar com a idéia de Rojas-Bermúdez supramencionada. O processo de aprendizagem e de realização de novas tarefas envolve os esquemas organizacionais já presentes no cérebro. A maneira como o cérebro se organiza e compreende inclui desde uma série contínua completa de células de identificação de padrões visuais fixados biologicamente, até a linguagem natural, a notação musical e as regras de jogos determinadas culturalmente. Segundo os neuropsicólogos Goldberg e Costa (in Springer, Deutsch, 1998, p. 342), esses esquemas organizacionais implícitos são chamados *sistemas descritivos*, e as diferenças hemisféricas de função são consolidadas à medida que os sistemas descritivos de um indivíduo são, ou não, aplicáveis durante a ocorrência dos eventos. A hipótese determina que o HE é altamente eficiente para processar aquilo que serve de códigos transformados em rotina, como os aspectos motores da produção da linguagem; já o HD é decisivo nas situações para as quais não há disponível nenhum código pronto (sistema descritivo), isto é, nas situações novas. O modelo prevê a troca do hemisfério a ser envolvido em determinada tarefa, conforme ela é realizada eficientemente e se transforma em rotina.

Rojas-Bermúdez (1997, p. 434) compara o HD com um caleidoscópio que oferece inúmeras possibilidades de imagens mentais em função das variadas combinações dos elementos que o compõem. Se alguma dessas imagens ganha especial significado para a pessoa, a fim de capturá-la e/ou reproduzi-la, é necessário recorrer **ao subsistema social que assume a função de decodificar a estrutura da imagem e de reproduzi-la fora de si**. Como o campo da objetivação da imagem subjetivada é sempre o da linguagem, ela será sempre incompleta se essa reprodução/decodificação ficar na instância do discurso, da linguagem falada.

Em algumas ocasiões, a **imagem mental pode ser muito perturbadora acompanhada de uma forte carga emocional**[6], que em geral se mantém ativa durante longos períodos e reaparece com freqüência provocando sofrimento e temor. Nesses casos,

---

6. Essa afirmação converge com o modelo cognitivo de psicopatologia da terapia cognitiva, a saber: a superestrutura cognitiva que ajuda a organizar/interpretar as percepções do real – os esquemas mentais ou crenças fundamentais quando colocados em palavras – dirigem o foco principal para os assuntos que estejam vulneráveis (foco de atenção). Assim, essas crenças influenciam na visão de uma situação, que, por sua vez, reflete no pensar (imagens ou palavras), no sentir e no se comportar do indivíduo. As crenças fundamentais do indivíduo estão em um nível mais profundo (memória implícita ou inconsciente) e afetam as palavras ou imagens reais que lhe passam na cabeça numa situação específica – são os pensamentos automáticos que aparecem no nível mais superficial da cognição (pré-consciente). Esses pensamentos automáticos que surgem de repente, quando disfuncionais, afetam significativamente o humor e o comportamento.

a atividade do subsistema natural se converte em um fator de perturbação a eliminar; para evitar essas imagens, o eu então recorre a estímulos ambientais e corporais que encobrem toda sua atenção, podendo chegar a bloquear por completo a imaginação. Bermúdez acrescenta também que um processo similar que não é bloqueio, mas inibição da percepção das imagens mentais, resulta da supervalorização do ambiental e, em particular, da palavra como meio de aceder à cultura. O resultado é um eu hipersocializado e pouco criativo. Em outro extremo, estariam os indivíduos envolvidos em sua imaginação, que vão deixando de lado as atividades sociais e acabam vistos como estranhos, sem os pés na realidade.

Referências bibliográficas

ANTUNES, Celso. *O lado direito do cérebro e sua exploração em aula*. Petrópolis, RJ: Vozes, 2001.

BERNIS, Jeanne. *A imaginação: do sensualismo epicurista à Psicanálise*. Rio de Janeiro: Zahar, 1987.

CIA, Alfredo H. *Cuadernos de sicoterapia*. v. XI e XII. Buenos Aires: Ediciones Genitor, 1978.

DAMÁSIO, Antonio R. *O erro de Descartes: emoção, razão e cérebro humano*. São Paulo: Companhia das Letras, 1996.

_____. *O mistério da consciência*. São Paulo: Companhia das Letras, 1999.

DURAN, Álvaro. *Psicoterapia e construtivismo*. Conferência apresentada no I Congresso N-NE de Psicologia, Salvador, p. 4, mai. 1999.

GONÇALVES, C. S. (org.). *Psicodrama com crianças: uma psicoterapia possível*. São Paulo: Ágora, 1988.

KAËS, René *et al*. *Le psichodrame psychanalyitique de groupe*. Paris: Dumond, 1999.

KHOURI, Georges Salim. *A construção de imagens com tecidos: para além de uma técnica aplicada em psicoterapia psicodramática bipessoal*. 2003. Monografia (Psicodramatista Docente-Supervisor) – Associação Bahiana de Psicodrama e Psicoterapia de Grupo–Asbap, Salvador, Bahia.

LALANDE, André. *Vocabulário técnico e crítico de filosofia*. São Paulo: Martins Fontes, 1993.

LAPLANCHE, J.; PONTALIS, J.-B. *Vocabulário de psicanálise*. 4. ed. Lisboa: Moraes, 1977.

MACHADO, Maria Lúcia. *Uso da técnica de construção de imagens no psicodrama*. 2002. Monografia (Diretor de Psicodrama Terapêutico) – Associação Bahiana de Psicodrama e Psicoterapia de Grupo–Asbap, Salvador, Bahia.

MORENO, J. L. *Psicodrama*. São Paulo: Cultrix, 1993.

MOYANO, G.; ROJAS-BERMÚDEZ, J. *Construcción de imágenes en sicoterapia sicodramática*. Coletânea de textos. Sevilla: Centro de Sicodrama, ago.-set.1999.

PIAGET, J.; INHELDER, B. A. *A psicologia da criança*. 9. ed. São Paulo: Difel, 1986.

REBOUÇAS, R. M. de S. *Espontaneidade: "a mais avançada forma de inteligência" (J. L. Moreno)*. 1999. Conclusão do curso (Psicodrama) – Associação Bahiana de Psicodrama e Psicoterapia de Grupo–Asbap, Salvador, Bahia.

ROJAS-BERMÚDEZ, J. G. et al. *Avances em sicodrama*. Buenos Aires: Editorial Celcius, 1984.

ROJAS-BERMÚDEZ, J. G. "Images in psychodrama supervision". In: FONTAINE, P. (org.). *Psychodrama training – An European view*. Leuven: FEPTO Publications, 1999.

_____. *Introdução ao psicodrama*. 2. ed. São Paulo: Mestre Jou, 1977.

_____. *Que es el sicodrama? Teoria y prática*. Buenos Aires: Editorial Celcius, 1988.

_____. *Teoría y técnica psicodramáticas*. Buenos Aires: Paidós, 1997.

ROJAS-BERMÚDEZ, J. G.; MOYANO, G. *Construcción de Imágenes en Sicoterapia Sicodramática*. Ago./set. 1999.

ROJAS-BERMÚDEZ, J. G.; MOYANO, G. *Dream images and psychodramatic images*. Sevilla: Centro de Sicodrama, 1999.

SPRINGER, S. P.; DEUTSCH, G. *Cérebro esquerdo, cérebro direito*. São Paulo: Summus, 1998.

WADSWORTH, Barry J. *Piaget para o professor de pré-escola e 1º grau*. 3. ed. São Paulo: Pioneira, 1987.

WALLON, H. *As origens do caráter na criança*. São Paulo: Nova Alexandria, 1995.

4

Imagem psicodramática e a técnica de construção de imagens

Georges Salim Khouri
Maria Lucia Machado

Imagem na obra de Moreno

Nos escritos de Moreno, encontramos duas referências ao termo imagem em duas sessões do livro *Psicodrama*. Na primeira, quando fala sobre a teoria da espontaneidade do desenvolvimento infantil, e na segunda, sobre psicomúsica, quando se refere ao tratamento psicodramático da neurose de desempenho. Ao escrever sobre a teoria do desenvolvimento infantil, Moreno utilizou várias vezes o termo imagem, chegando a empregar a expressão *construção de imagem* (Moreno, 1993, p. 115).

Falando do papel de comedor, sobre o qual a criança está focada em seus primeiros meses de vida, Moreno faz referência à necessidade de um interajustamento entre os instrumentos orgânicos (pertencentes à criança: boca, língua etc.) e os extra-orgânicos (pertencentes à mãe: peito ou mamadeira, braços etc.). Esses instrumentos devem fundir-se num único fluxo de ação, cada um com seu ponto de partida próprio. No decurso do duplo aquecimento preparatório, que tem como objetivo a satisfação da fome da criança, os esforços de ajustamento físico desenvolvem-se paralelamente aos esforços de ajustamento mental.

> A mãe (ego-auxiliar) produz uma imagem mental de seu filho no processo de assumir o seu papel. [...] A imagem mental que a mãe tem de seu filho é uma soma de imagens auxiliares. Estas imagens são freqüentemente suscitadas por sensações de temor de que a criança não esteja suficientemente alimentada, e a mãe será induzida por elas a aumentar o tempo de nutrição além das necessidades da criança. (Moreno, 1993, p. 110-1)

O bebê, por sua vez, pode recusar-se a aceitar o tempo materno, reduzindo-o abaixo do próprio nível de necessidade. Dessa forma, ocorre um desajustamento devido, provavelmente, a um nível de ansiedade materno que distorce a imagem que a mãe tem do filho. Este, então, reage a ela.

Moreno recorre a uma situação em que houve distorção para exemplificar esse processo e enfatizá-lo. Tudo isso, porém, pode se dar de forma télica por parte da mãe, que poderá perceber de forma mais objetiva as necessidades do bebê e corresponder a elas mais adequadamente. Essas primeiras experiências são de fundamental importância para o futuro relacional da criança e Moreno enfatiza isso muito bem quando diz que, da interação mãe–bebê,

> [...] se estabelece, gradualmente, uma certa e recíproca expectativa de papéis nos parceiros do processo. Essa expectativa cria as bases para todo o intercâmbio futuro de papéis entre a criança e os egos-auxiliares. [...] O processo de construção de imagens e o processo de co-ação, na adoção do papel de comedor, fornece-nos uma chave para a compreensão das causas subjacentes no processo de aprendizagem emocional atribuído por alguns à imitação. (Moreno, 1993, p. 113)

Moreno explica:

[...] desempenhar o papel do "outro" não se apresenta de súbito e em forma acabada à criança; passa por numerosas fases de desenvolvimento [...]. Como a ação da mãe é uma extensão dele, o bebê pode permitir-se, com o decorrer do tempo, abandonar uma parte dela – a sua própria extremidade – e concentrar-se na parte materna – a outra extremidade da matriz. Por meio dessa transação, a criança pode preparar o terreno para a futura inversão da cadeia de aquecimento. (Moreno, 1993, p. 112)

Até aqui, Moreno falou das imagens mentais construídas pela mãe no processo de interação com o bebê, já que este ainda não está em condições de produzi-las. Isso só será possível no período que ele chamou de segundo universo, por volta dos 3 anos, quando se opera a brecha entre a fantasia e a realidade. Em seu primeiro universo, desde a fase da matriz de identidade total, a criança já sofre a influência das imagens que foram construídas pela mãe a seu respeito.[1] Essas imagens permeiam a relação mãe–filho e certamente influenciam a expectativa de papéis entre ambos, o que cria as bases para todo o intercâmbio futuro de papéis entre a criança e os outros com os quais se relacionará.

No capítulo sobre psicomúsica, Moreno menciona as "imagens terapêuticas" (Moreno, 1993, p. 364) ao relatar o caso de um músico de quem tratou. Essas imagens eram desenvolvidas pelos pacientes, por meio de treinamento, com o objetivo de substituir as imagens negativas. No caso relatado por Moreno, o músico as gerava pelo medo que sentia em algumas situações.

---

1. Embora Moreno enfatize a mãe nesse processo, é importante ressaltar que o bebê já nasce sob a influência da imagem que a família (nuclear e extensa), não só a mãe, faz antecipadamente dele. Ou seja, ela preexiste no imaginário dos pais e de sua rede sociométrica.

Para o autor, as imagens produzidas pelo medo estavam relacionadas com uma deficiência de espontaneidade e tomavam o lugar das imagens construtivas de desempenho.

Pode-se perceber que, nas duas passagens, Moreno refere-se às imagens mentais. Na segunda, ele se utiliza de uma técnica de construção de imagens somente no nível mental, e acessível apenas pelo discurso do paciente. Essas imagens não são concretizadas no cenário como quando se utiliza a técnica de construção de imagem (TCI).

O conceito de imagem psicodramática

No decorrer da história, o conceito de imagem foi objeto de inúmeras controvérsias de natureza filosófica, religiosa e política, como mostra o exemplo das lutas iconoclastas entre a Igreja Católica e a Ortodoxa.

A significação da noção de imagem, derivada, etimologicamente, do latim *imago* e do grego *eikon* (ícone), presta-se a várias ambigüidades e imprecisões teórico-linguísticas. Torna-se, portanto, necessária uma prévia delimitação de seu campo semântico, dada sua enorme importância na teoria psicodramática.

A técnica de construção de imagem (TCI) é uma contribuição teórico-prática de Rojas-Bermúdez ao psicodrama e, mais especificamente, à etapa da dramatização e à compreensão de sua dinâmica. Esse autor frisa que Moreno privilegia a dramatização como recurso terapêutico e não menciona ter sofrido qualquer influência sua no processo de criação da TCI. Em seus primeiros trabalhos sobre o tema, Rojas-Bermúdez utilizou o termo imagem, acompanhado dos adjetivos real e simbólico, sem defini-lo. Houve, então, a necessidade de encontrar uma definição para essa imagem utilizada no psicodrama – o que foi feito tomando como base as definições encontradas para o termo em alguns dicionários e vocabulários. Aurélio Buarque de Holanda Ferreira (1969) conceitua imagem como:

> [...] *representação* de um objeto pelo desenho, pintura, escultura etc.; *reprodução*, no espírito, de uma sensação, na ausência da causa que a produziu; *símbolo*, figura, comparação, semelhança reflexo de um objeto na água ou num espelho, reprodução na memória. (Grifos nossos)

Lalande (1993, p. 517) formula as seguintes definições para o termo imagem:

> a) *Reprodução* quer concreta, quer mental, daquilo que foi percebido pela visão (com ou sem nova combinação dos elementos que compõem essa imagem).
> b) Repetição mental, geralmente enfraquecida, de uma sensação (ou mais especificamente de uma percepção) precedentemente experimentada.
> c) *Representação* concreta construída pela atividade do espírito [...] Representação concreta que serve para ilustrar uma idéia abstrata. (Grifos nossos)

Essas definições dão origem a três tipos de imagem: a imagem mental construída internamente, de acordo com a experiência subjetiva do sujeito; a imagem externa construída pelo sujeito com base nos mais diversos recursos, materiais ou humanos; e a imagem refletida, resultado de um fenômeno físico.

Em ambas as definições citadas anteriormente, surgem alguns elementos comuns, como reproduzir e reapresentar, que parecem constituir o aspecto mais característico do conceito de imagem. Esta se refere sempre a algo que é reproduzido, representado ou repetido numa forma. No caso das imagens psicodramáticas, busca-se a representação de sentimentos, sensações, conteúdos internos, formas verbais ou conceitos, que o paciente expressa por meio de uma forma concreta no cenário.

É interessante notar também que as imagens permeiam de modo marcante as relações entre o indivíduo e o meio que o circunda. De maneira simplificada, pode-se dizer que se formam imagens internas com base no que se percebe do ambiente, por meio dos órgãos dos sentidos, e essas imagens são representadas no exterior, criando algo de concreto (desenhos, esculturas etc.).

Utilizando apenas alguns dos termos que aparecem nas definições, é possível construir o seguinte esquema:

- objeto → sensação, percepção, atividade do espírito, reprodução mental, reprodução na memória
- idéia abstrata → reprodução/representação concreta

Considerando que *imago* é a origem latina da palavra imagem e que sua definição traz elementos significativos relacionados com o valor terapêutico do uso da TCI, é importante também mencioná-la nesse trabalho. De acordo com Laplanche e Pontalis (1993, p. 305), o conceito de *imago* foi apropriado por Jung, sendo definido como segue:

> [...] protótipo inconsciente de personagens que orienta de preferência a forma como o indivíduo apreende o outro; é elaborada a partir das primeiras relações intersubjetivas reais e fantasmáticas com o meio familiar. [...] vê-se nela, em vez de uma imagem, um esquema imaginário adquirido, um clichê estático através do qual o indivíduo visa o outro. *A imago pode* portanto *objetivar-se*, quer em sentimentos e comportamentos quer *em imagens*. (Grifos nossos)

Observa-se que aparece, nessa definição, uma referência ao que Moreno chamou de *matriz de identidade* (Moreno, 1993, p. 114), que se caracteriza pelas primeiras relações da criança com seu universo familiar. É interessante ressaltar isso, porque, quando se trabalham, por meio de imagens, as relações trazidas pelos pacientes como problemáticas, encontra-se muito freqüentemente uma referência a esse protótipo de relação que o reporta à sua matriz de identidade. É comum encontrar, nas relações atuais com o patrão/esposa/esposa/amigo/filho etc., padrões vinculares já vivenciados com personagens do primeiro universo relacional: pai, mãe, irmão etc. Utilizando a imagem e/ou posterior solilóquio, isso aparece com grande clareza, pois é vivenciado pelo próprio paciente – sua vivência torna-se "visível", dispensando qualquer interpretação por parte do psicoterapeuta.

Pode-se reparar também que o termo símbolo aparece, na primeira definição citada nesse capítulo, como sinônimo de imagem. Bermúdez, por sua vez, fala de imagem simbólica – uma aparente tautologia –, provavelmente para distingui-la daquela que ele chamou de imagem real. Por esse motivo é importante mencionar aqui a definição de símbolo, com o objetivo de aprofundar mais o conceito de imagem.

Lalande (1993, p. 1016) propõe esta definição de símbolo: "Aquilo que representa outras coisas em virtude de uma correspondência analógica". G. Ferreiro (in Lalande, 1993, p. 1016) diz o seguinte: "A função de um signo ou símbolo é sempre provocar certos estados de consciência". Aurélio Buarque de Holanda (Ferreira, 1969) escreve a propósito: "Idéia consciente que representa e encerra a significação de outra inconsciente".

Aparecem, nessas definições, referências a "estados de consciência", "idéia consciente", idéia "inconsciente", mostrando que o símbolo é marcado pela relação inconsciente/consciente e possibilita esse trânsito entre os dois registros. Tomando-se imagem como sinônimo de símbolo, à qual se poderia fazer referência como imagem simbólica, depara-se com esse aspecto tão fundamental no processo terapêutico: o de favorecer o aparecimento dos conteúdos internos até então encobertos e, muitas vezes, subjacentes aos sintomas. Pode-se, assim, compreender por que a TCI se constitui num grande recurso terapêutico.

Jeanne Bernis afirma que as imagens são produzidas pela imaginação e podem ser simples reproduções de sensações na ausência dos objetos que as provocaram, ou criações da fantasia. Segundo ele, "a imagem distancia-se da percepção e intelectualiza-se" (Bernis, 1987, p. 9). Esse aspecto da intelectualização da imagem é ressaltado também por Bermúdez, que considera a TCI uma técnica dirigida ao intelecto, por sua peculiaridade de permitir a objetivação das próprias emoções, conscientes ou não, favorecendo, portanto, o distanciamento e a reflexão.

Depois desta breve análise, podemos propor uma definição de imagem, de imagem real e de imagem simbólica – as imagens utilizadas nessa prática psicodramática.

- **Imagem**: reprodução ou representação concreta de algum sentimento, sensação ou situação, por meio de uma forma construída pelo paciente no cenário, utilizando pessoas e/ou objetos. Com base nessa definição, pode-se considerar o fazer de uma imagem como uma modalidade de fazer novamente presente (reapresentar) algo que já foi vivenciado pelo protagonista mediante uma forma simbólica. Pode ser também uma reprodução de algo percebido pela visão ou somente imaginado, no caso de situações que ainda não aconteceram, mas que já estão presentes na mente do protagonista. Como se mencionou, a imagem pode ser real ou simbólica.

- **Imagem real**: reprodução concreta, feita pelo paciente, no cenário, para representar alguma situação por meio de pessoas e/ou objetos, buscando mostrar, pelo menos parcialmente, a realidade tal como foi percebida ou imaginada. No entanto, segundo Jean Piaget, uma imagem nunca é fotográfica, e sim representativa – termo que traz em si o aspecto da significação e da simbolização e depende da capacidade de percepção de cada indivíduo. Pode-se falar, porém, de uma imagem guiada por dados da realidade externa, visível, diferentemente da imagem simbólica, que se baseia na repercussão dessa realidade sobre o sujeito.

- **Imagem simbólica**: pode ser definida como uma representação feita pelo paciente no cenário por intermédio de uma forma concreta, construída com pessoas ou objetos, que possua correspondência analógica com alguma sensação, sentimento, emoção, idéia, situação etc. Portanto, a imagem simbólica concretiza uma realidade interior, objetivada, mediante a expressão plástica, as emoções que acompanharam um acontecimento ou uma situação vivenciada ou imaginada.

Nos últimos trabalhos sobre o tema, essa diferenciação não é enfatizada. Bermúdez afirma que a imagem possui um grau de simbolização que varia em um contínuo, passando da imagem real à imagem simbólica, e nos dá uma única definição para a imagem psicodramática:

> É uma forma construída pelo paciente sobre o cenário que expressa em sua configuração a maneira como o indivíduo está organizando seus conteúdos internos em relação a um tema determinado (sintoma, sensação, sentimento, relação, situação...), o sentido e significação que certos fatos e experiências têm para ele, os elementos que enfatiza e omite, e a relação mútua entre estes elementos. (Moyano, Rojas-Bermúdez, 1999, p. 3)

A imagem psicodramática é visível, plástica, concreta, palpável, passível de experimentação pelo paciente, aqui e agora, *hic et nunc*, do espaço dramático. Porém, ela é sempre a expressão de um conteúdo interno, uma imagem mental que se concretiza. Com isso, procurou-se saber mais um pouco sobre a imagem mental, mais precisamente sobre seu surgimento e seu significado no processo de desenvolvimento da criança, tomando como referência as teorias de Moreno, Piaget e Bermúdez.

Conforme vimos anteriormente, a **imagem** é a linha da compreensão global das estruturas de pensamento, das sensações e das ações. Ela não só é considerada a representação de um objeto, uma idéia, uma sensação, um sentimento, uma emoção, uma recordação, um sonho, uma situação relacional, uma fotografia, mas também a resultante da interação entre o estímulo e o receptor. Dessa forma, a elaboração da imagem nos circuitos dos centros nervosos resulta da relação de todas as informações que o indivíduo possui e de sua organização particular (estrutura da personalidade, crenças, patologias etc.). Devemos considerar a imagem uma criação do sujeito que a produz. No intuito de compartilhar essa produção como imagem e não como relato, é necessário que o protagonista a construa no cenário para podermos acompanhar tanto o processo de construção quanto a obra (imagem) terminada (Rojas-Bermúdez, 1997, p. 139-40).

> Em nível neurofisiológico, as imagens são a expressão psicológica dos esquemas temporoespaciais que resultam da propagação do impulso nervoso na vasta rede neural do córtex cerebral e dos núcleos subcorticais, que se tecem com as atividades dos neurônios no espaço e no tempo. (Eccles in Rojas-Bermúdez, Moyano, 1999)

Ao empregar o termo imagem, Damásio (1999, p. 401-9) refere-se sempre à imagem mental (padrão mental). Para denotar o aspecto neural do processo, emprega o termo padrão neural ou mapa. Segundo esse autor, as imagens podem ser conscientes ou inconscientes. Estas nunca são acessíveis diretamente; as conscientes podem ser acessadas somente da perspectiva da primeira pessoa. Já os padrões neurais podem ser acessados apenas da perspectiva da terceira pessoa. As imagens são construídas quando mobilizamos objetos de fora do cérebro em direção ao seu interior, e também quando reconstruímos objetos com base na memória, de dentro para fora. A tarefa de produzir imagens nunca cessa, pois as "imagens são a moeda corrente da mente". Ou seja, qualquer símbolo que possamos conceber é uma imagem, e pode haver pouco resíduo mental que não se componha de imagens. Os sentimentos também são imagens, imagens somato-sensitivas, ou seja, que sinalizam principalmente aspectos do estado do corpo. Damásio cita os seguintes níveis de produção de imagens sob a mente consciente:

- Nível das imagens às quais não se prestou atenção.
- Nível dos padrões neurais e das relações entre padrões neurais que fundamentam todas as imagens, quer elas acabem conscientes, quer não.
- Nível que se relaciona com o mecanismo neural necessário para manter na memória registros de padrões neurais.

A imagem psicodramática é uma construção resultante de uma atividade simbólica (HE), mas que busca informações nos arquivos do hemisfério direito (formas) para ser decodificada posteriormente com a linguagem verbal, que é uma atividade do HE.

Tudo indica, assim, que a imagem psicodramática, tem como fonte de informação os arquivos mais arcaicos e mais pessoais, únicos de cada pessoa. Esse é um dos fatores que explica sua eficácia no processo terapêutico.

Outro fator é seu aspecto polimodal. Como referido anteriormente, as imagens mentais são o resultado da elaboração de muitas e diferentes interações seletivas – fato que se reflete na imagem psicodramática. Quando o paciente faz uma imagem no palco, esta resulta de uma síntese dos registros de inúmeras experiências significativas e, por esse motivo, permite a expressão não só dos aspectos ligados ao tema que deu origem à imagem, como também de aspectos relativos a outras experiências semelhantes. Aprofundaremos essa questão a seguir.

A técnica de construção de imagens em Rojas-Bermúdez[2]

Origem, generalidades e cuidados (furor curandis)

Rojas-Bermúdez atribui o surgimento da técnica de construção de imagens (TCI) à busca de respostas a algumas perguntas surgidas na experiência clínica. Para ele, toda a metodologia e técnicas utilizadas por Moreno parecem estar destinadas a sessões únicas. Daí a importância e a ênfase que este dá à expressão de sentimentos e emoções durante a dramatização, fazendo que o protagonista alcance a catarse de integração. Além disso, ele coloca:

> Nós, ao haver incorporado a metodologia psicodramática depois de exercer a psicoterapia com um modelo mais sistematizado e prolongado como a psicanálise, tivemos de ir incorporando paulatinamente mudanças que se adequaram à forma de trabalho que realizávamos. Desta maneira, ao passar de uma dinâmica de sessão única para outra de sessões múltiplas, se tornou imprescindível deter-se nos fenômenos que se iam produzindo ao longo das sessões, configurando uma dinâmica da sessão de psicodrama com

---

2. Síntese das idéias de Rojas-Bermúdez, muitas delas retiradas e traduzidas livremente de: a) seu livro *Teoría y técnica psicodramáticas*, 1997, p.135-42, 147-52; b) J. Rojas-Bermúdez e Graciela Moyano, *Construcción de imágenes en sicoterapia sicodramática*, Coletânea de textos, ago.-set. 1999; c) Anotações pessoais dos seminários realizados em Salvador (BA), 1998.

uma dupla leitura: uma longitudinal, em relação à seqüência de sessões, e outra transversal, correspondente a cada sessão. (Rojas-Bermúdez *et al.*, 1988)

Para Bermúdez, apenas a vivência, salvo casos excepcionais coincidentes com uma catarse de integração, não se mostra suficiente para que o protagonista consiga as mudanças substanciais e perduráveis em sua vida. Diz ele:

> Esta convicção nasce da experiência clínica em tratamentos prolongados, que mostrou o aparecimento, uma e outra vez, do mesmo tipo de conflito, apesar de havê-los vivenciado em várias ocasiões. Estes fracassos nos estimularam a investigar novas técnicas que apresentassem melhores resultados. Elas rondavam em torno do vivencial e aí morriam. Desistimos desses caminhos e partimos da própria vivência. Quais eram os conteúdos abarcados por cada forma? O que queria dizer "me sinto embaraçado", ou "eu lhe romperia a cara", ou "que desgraçado sou eu"etc.? Investigar estes significados nos conduziu à elaboração da TCI.

A partir daí surge o que Bermúdez chama de **metodologia forma/conteúdo**, cujo manejo técnico inclui a TCI. Percebe-se, então, que a TCI entra como um recurso para ampliar a possibilidade de comunicação do paciente, utilizando canais diferentes que podem acessar conteúdos contidos numa forma verbal ou ainda não traduzidos para essa linguagem, conforme mostrado no capítulo 3, quando aborda os hemisférios cerebrais. Isso também remete a Piaget, segundo o qual a imagem desempenha um papel importante como auxiliar simbólico complementar da linguagem.

O trabalho terapêutico num processo psicodramático consiste em fazer que o protagonista, em um campo protegido (enquadre psicodramático – "como se"), perceba e tome consciência de seus conflitos, encontre a explicação ou os significados de suas questões e, em função desse novo conhecimento sobre si mesmo, possa iniciar um processo de mudança. O psicoterapeuta deve principalmente decidir o momento preciso de aplicar uma técnica, de modo a concretizar o material subjetivado pelo protagonista (cliente) e torná-lo o mais objetivo e acessível para ele próprio, facilitando as significações ou ressignificações. **As técnicas são meios de alcançar os objetivos do protagonista, e não um fim em si mesmas.** A finalidade das técnicas psicodramáticas é facilitar ao protagonista plasmar no cenário seus conflitos, temores, possibilidades etc., apropriando-se de tudo isso e, se desejar, modificar espontaneamente a **si mesmo – de dentro, e não por pressão social.** Dessa forma, é fundamental para o psicoterapeuta seguir um eixo terapêutico baseado na personalidade e na dinâmica da interação da pessoa, pois, caso contrário, as técnicas utilizadas passam como simples jogos dramáticos mais próximo do divertimento do que da terapia.

Todo processo psicodramático supõe certa possibilidade de objetivar uma situação e também certo grau de simbolização, uma vez que os vários fatores envolvidos – a exemplo do tempo, lugar, personagens etc. – são fictícios. **Dois tipos de técnicas, que se complementam mutuamente, podem ocorrer isoladamente ou em conjunto na etapa de dramatização de um processo psicodramático**, a saber:

a) **Dramatização em si mesmo (método clássico):** o sujeito se assume como elemento da cena, desenvolvendo a situação a partir de um personagem determinado.

b) **A técnica de construção de imagens (técnica de Rojas-Bermúdez):** o sujeito descobre a estrutura global da situação com as inter-relações de seus elementos constituintes (figura 1).

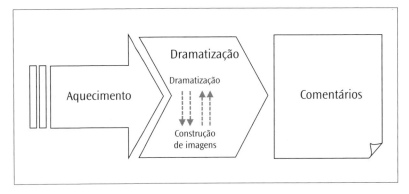

Figura 1 – Etapas do processo psicodramático

A utilização dessas duas técnicas inclui no processo psicoterapêutico as três áreas do núcleo do eu, conforme esquema na figura 2.

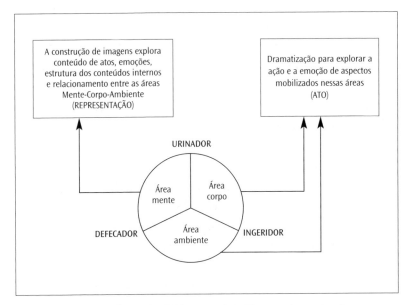

Figura 2 – Áreas envolvidas quando utilizamos dramatização e/ou construção de imagens

Focalizaremos agora a técnica de construção de imagens (TCI). A imagem é construída como uma escultura, utilizando **pessoas** ou **objetos**, para oferecer ao sujeito as maiores possibilidades de objetivação e avaliação do que produziu. Com base em um material explicitado pelo protagonista em relação a quaisquer das áreas (mente, corpo, ambiente), pede-se a ele que construa uma figura com pessoas ou objetos que a representem, cuidando para que não se inclua na produção. As imagens construídas **congelam a situação** e permitem maior distância emotiva por parte do protagonista, o qual, por estar fora da imagem, converte-se em espectador comprometido com a obra realizada.

A forma-imagem elaborada apresenta um esquema de relações (estrutura) próprio da predominância da atividade do hemisfério direito, que traz uma nova luz sobre o material tratado linearmente pela comunicação verbal própria do hemisfério esquerdo. Assim, a forma construída expressa em sua configuração a maneira como o indivíduo organiza seus conteúdos internos em relação a um tema determinado, o sentido e o significado que certos feitos e experiências têm para ele, os elementos que omite e a relação mútua entre esses elementos. Quando esses conteúdos são representados no cenário e adquirem forma, permitem ao protagonista dar-se conta da situação tal como é vivida por ele internamente. Conjuntamente com o protagonista, temos a possibilidade de prospectar o que representou globalmente, a que correspondem seus detalhes e inter-relações, os significados de certas partes e o código utilizado para expressar-se. De acordo com a imagem plasmada, pode-se compreender a estrutura de seus sintomas e a causa de seus comportamentos.

A técnica de construção de imagens (TCI) não se reduz à realização de uma imagem que de alguma forma detém o tempo e ocupa um espaço, senão quando, a partir desta primeira imagem, se pode projetar a realização de outras que envolvem o temporal (imagem de antes e depois), outros espaços simultâneos (em paralelo, em outro lugar), valores contrastantes (maior, pior, agradável, desagradável), pontos de referência para improvisações que integram várias imagens (inventar uma história, contar um conto) etc. (Rojas-Bermúdez, 1997, p. 139-40)

É fundamental que o psicoterapeuta respeite a imagem do protagonista (cliente) e não interfira com sugestões pessoais para que a imagem fique mais expressiva. O objetivo do manejo é buscar facilitar a tomada de consciência sobre o tema emergente, a fim de que o protagonista realize as significações que podem ser elaboradas naquele momento.

Neste sentido, se deve respeitar o tempo de cada protagonista e **evitar o *furor curandis* e a necessidade de protagonismo**. Estes são fatores freqüentes que levam à confusão de material do protagonista com o do diretor, podendo passar como pertencente unicamente ao protagonista devido à habilidade verbal do diretor. O resultado pode ser muito impressionante, mas pouco terapêutico. (Rojas-Bermúdez, 1997, p. 141)

As imagens dramáticas e as imagens oníricas têm em comum suas origens, e tanto uma como outra são manifestações psicológicas, que resultam da incidência e integração de diversos processos neurofisiológicos com predomínio do hemisfério direito. Ao construir uma imagem, estamos fazendo durante a vigília um processo que ocorre naturalmente durante o sonho: a síntese e condensação de uma multiplicidade de idéias, experiências, emoções, sensações em um *esquema visual*. Dessa forma, só o protagonista sabe o significado da imagem plasmada.

Algumas imagens surgem nítida e diretamente na consciência, outras são traduções de elementos verbais ou corporais utilizados durante a comunicação (analogia). Contudo, em último caso, os conteúdos das imagens descobertos posteriormente, por meio do trabalho psicodramático, mostram que nessa tradução analógica têm se concentrado elementos que não estavam presentes na elaboração verbal. A instrumentação terapêutica da imaginação dá lugar à técnica de construção de imagens.

Conforme dito anteriormente, as técnicas de dramatização e de construção de imagens não são opostas, e sim complementares, podendo ser alternadas ao longo da etapa da dramatização. Começando por uma ou outra, a depender da situação, é fácil a passagem entre elas. Pode-se pedir uma imagem sobre o ocorrido numa dramatização, ou se chegar a uma cena pela realização de uma imagem e os solilóquios correspondentes. Um elemento principal a se ter em conta para eleger uma ou outra via é o grau de implicação emocional do protagonista, já que a dramatização aquece, envolve emocionalmente, enquanto a imagem esfria, dá distância e permite uma compreensão mais intelectual e global das situações.

As imagens habituais tendem a ser realistas e construídas com os companheiros de grupo, mas podem ser também simbólicas e realizadas tanto com o corpo dos companheiros quanto com os objetos diversos (tecidos, bonecos etc.). Entretanto, pode-se trabalhar alternada ou conjuntamente com imagens reais e simbólicas, a fim de ampliar a informação buscada e ter, assim, uma melhor compreensão e explicitação dos códigos utilizados pelos protagonistas ao construir a imagem (significados).

De maneira geral, podemos dizer que um protagonista muito envolvido emocionalmente (estado de *warming up*) deve primeiro dramatizar – a dramatização favorece uma saída vivencial do seu material. Posteriormente, pode-se intervir solicitando a realização de imagem(ns) relativa(s) a alguns elementos significativos surgidos da dramatização que complemente(m) a situação, e permita(m) um passo mais adiante em sua compreensão.

Isso por sua vez, pode originar uma nova dramatização e, assim, ao longo dessa etapa, o jogo de papéis e as imagens vão se imbricando e apoiando mutuamente o processo de expressão e elaboração dos conteúdos do protagonista.

A **TCI** compõe-se de dois passos fundamentais:

1. **Realização da imagem em si**: Após a construção, procede-se à leitura de formas por parte do protagonista, momento em que o diretor inicia suas intervenções com perguntas destinadas a esclarecer as características da estrutura. Clarificada a forma e explicitados seus componentes, passa-se à etapa seguinte.

2. **Realização de solilóquios em cada elemento da imagem**: O protagonista se coloca sucessivamente nas diferentes partes que configuram a imagem e, adotando a postura corporal correspondente, expressa, com base naquelas partes, o que pensa e sente. Para que os conteúdos mais comprometidos não condicionem os demais, os solilóquios devem partir das partes menos importantes para as mais importantes. Em geral, o cliente se refere a elementos alheios à própria imagem, que não havia tomado em conta durante sua construção.

Qualquer material pode ser tratado mediante imagens. Exemplos de consignas:

- Mostre-me a imagem de como viveu tal situação na cena dramatizada.
- Como se viu a si mesmo e aos outros?
- Mostre-me a "cena do passado".
- Mostre-me com uma imagem como será no futuro próximo daqui a (x meses ou x anos).
- Construa a imagem desse sonho.

- Qual a imagem do "sintoma qualquer"?
- Qual a imagem do que sentiu no corpo?
- Já que você não consegue falar o que sentiu, construa no tablado a imagem do que sentiu.
- Construir imagens de locuções verbais cinestésicas e coloquiais do tipo: "eu o mandei para o diabo", "vá pastar", "me senti atado", "com um nó na garganta", "estava no fundo do poço", "de coração partido", "esquentou a cabeça", "apunhalado pelas costas", "puxaram o meu tapete", "a ficha caiu", "o mundo caiu sobre a minha cabeça", "foi um fardo para mim" etc.

Embora pouco elaborados em nível verbal, esses materiais são muito concretos e vivenciais, além de funcionarem como fio condutor para temas mais profundos e íntimos dos indivíduos. Nem sempre as imagens mostram de forma clara e rápida o conflito em jogo, que pode estar integrado em um material mais complexo do protagonista. Nesses casos, mais tempo de exploração das imagens é necessário para fazer emergir o conflito. Em geral, o material que aparece na primeira imagem fornece certa orientação acerca da direção a seguir.

A técnica de construção de imagens é extremamente poderosa tanto para abordar problemas psíquicos em psicoterapia psicodramática quanto para a vertente da aprendizagem, já que permite encarar os diferentes temas, não só do ponto de vista estrutural e relacional, mas também como parte dos diferentes processos vitais do indivíduo.

Com relação às imagens reais e simbólicas, as primeiras exigem menos compromisso egóico do que as segundas. As imagens simbólicas demandam do indivíduo certa elaboração e uma maior síntese da ação, dos pensamentos e das sensações, que o comprometem mais intelectualmente – para conseguir uma imagem simbólica, há de se eliminar certas partes que evidenciam as características do autor e seus recursos. A preferência sobre o emprego da construção de imagens com tecidos ou pessoas se deve a:

- Participação de todo o corpo na realização de uma imagem.
- Evitar o uso da pinça dígito-polegar, marcada pelo processo de aprendizagem e pela valorização e crítica estética-cultural conhecida.
- Desiconização que se produz ao realizar a imagem: simplificação e redução a seus elementos mais básicos e significativos. Eliminação do detalhe que facilita a compreensão de seus significados.
- Rápida realização e facilidade de modificação.
- Eventual registro fotográfico.
- Utilização da pintura e do desenho nas técnicas de comunicação estética relacionadas com as imagens produzidas, a exemplo de construção de máscaras, silhuetas, colagens, pintura coletiva, mural, títeres.

No quadro 1, temos uma comparação entre a **dramatização** e a **técnica de construção de imagem** segundo Rojas-Bermúdez.

Quadro 1 – Análise comparativa entre a etapa de dramatização do psicodrama e a técnica de construção de imagem

DRAMATIZAÇÃO	CONSTRUÇÃO DE IMAGEM
• É linear, seqüencial.	• É global, simultânea, estrutural.
• O protagonista está incluído nela e é envolvido em nível corporal e emocional.	• O protagonista fica fora da imagem construída por ele mesmo.
	• Há uma distância entre o indivíduo e a imagem criada.
• Cria-se primeiro o fundo (**contexto** dramático – posto em cena) sobre o qual a dramatização se desenvolve (é a forma)	• Ocorre uma **descontextualização**: a atenção fica centrada na forma em si.

(continua)

(continuação)

DRAMATIZAÇÃO	CONSTRUÇÃO DE IMAGEM
• É uma **seqüência de atos** do indivíduo dentro de uma situação criada. • A dramatização mostra o comportamento do indivíduo em um contexto, suas potencialidades e estratégias, e também suas perdas e fragilidades. • As técnicas psicodramáticas permitem conhecer e avaliar os recursos do indivíduo e sua forma de atuar, os elementos da comunicação e a proxemia tal como são manejados pelo protagonista.	• **Estática** – necessita de um trabalho de síntese e organização. • O indivíduo deve resumir, sintetizar e selecionar numa forma uma multiplicidade de conteúdos internos (imagem mental). • Essa forma é uma organização própria do sujeito que a constrói, subjetiva e pessoalmente; a colocação e relação entre os elementos que a configuram revela a organização interna que se está dando a um material determinado. Se a imagem adquire movimento, transforma-se facilmente numa dramatização.
• A atenção do indivíduo está centrada na relação corpo–ambiente, com o mental como elemento secundário e integrado na ação.	• A atenção do indivíduo focaliza-se na relação mente–ambiente, com o corporal como elemento secundário. Exploração do mental e sua organização.
• Posta em cena (contexto dramático) com o suporte prévio e real que o indivíduo tem.	• Processo de construção que evidencia como o paciente aborda o material (objetos).
• A devolução vem dada basicamente pelas diferentes técnicas psicodramáticas, por e na interação com os outros (além da intervenção do diretor).	• A devolução dada pela observação da imagem, **reaferida** (além da intervenção do diretor).

Se aceitamos a idéia de que a psicopatologia tem sua base nos primeiros anos da vida, precisamos considerar que **se trata de um tempo em que a formulação de palavras e conceitos ainda não são prevalecentes e as imagens são os objetos mentais principais**. A atividade do hemisfério direito e as imagens também têm grande importância no tipo de pensamento relacionado a esclarecer, a descobrir e a mudar para um novo modo de ver coisas.[3]

A construção de imagens possibilita uma compreensão estrutural, e não apenas linear intelectual, obedecendo a uma lógica própria, mais livre das determinações sociais. É a diferença entre argumentar (palavra) e pensar (imagem). Rojas-Bermúdez enuncia que em muitos casos, quando o método de imagens é utilizado, "algo acontece", fazendo que os sintomas desapareçam. Enquanto vai construindo a imagem, a pessoa pode comparar e reajustar suas imagens externa e interna (mental). Esse processo, denominado "reaferência", é favorecido pela permanência das imagens durante a sessão e por sua semelhança com as imagens mentais. A reaferência integra o motor (ação) e aspectos visuais, além de reorganizar os conteúdos mentais. Em particular, acontece primariamente baseada em atos do corpo e em *feedback* visual (figura 3, página 100).

A reaferência é tão fundamental que é difícil imaginar como sem ela um bebê não poderia sequer perceber a diferença entre ele e o resto do mundo. Os objetos que se convertem em parte de **si mesmo** são os que manifestam uma correlação quase perfeita entre a ordem motora e a realimentação cinestésica e visual, enquanto os outros objetos se convertem no **mundo**. No processo de construção de imagem, uma série de atos acontece (hemisfério esquerdo): a imagem é processada por atos corporais e implica a passagem do hemisfério direito para o esquerdo, por meio de um sistema (ação) menos culturalmente governado do que o dos atos verbais.

---

3. Rojas-Bermúdez e Graciela Moyano in *Dream images and psychodramatic images*, Papers-III Meeting FEPTO, 1999, p. 6.

Pelo fenômeno da reaferência, "relação contingente entre ação e realimentação visual" (Moyano, Rojas-Bermúdez, 1999, p. 18), é possível o desdobramento da imagem em outras imagens ou em outros conteúdos, possibilitando, assim, o aprofundamento do conteúdo originalmente abordado.

Bermúdez representa a reaferência por uma espiral, como na figura 3.

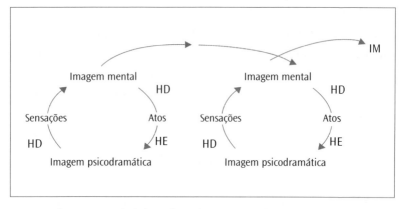

Figura 3 – Espiral de reaferência que particularmente acontece baseado na ação corporal e no *feedback* visual

Piaget e Inhelder (1986, p. 61) confirmam esse poder de abrangência da imagem. Dizem que a linguagem se apóia em conceitos ou objetos conceitualizados (meu "pai" etc.), enquanto a imagem oferece um sistema de significantes que se firmam não em conceitos, mas em objetos como tais e em "*toda a experiência perceptiva passada* do sujeito". Além disso, afirmam que "a imagem desempenha um papel não como elemento do pensamento, mas como auxiliar simbólico da linguagem". Parece até que Piaget estava falando da imagem psicodramática.

A figura 4 mostra que as imagens produzidas pelo hemisfério direito podem ser acessadas de maneira direta e por meio das imagens psicodramáticas, enquanto o discurso verbal é linear, ordenado, e tem uma forma culturalmente imposta, o que facilita a censura de conteúdos. As imagens estão menos submetidas ao controle social.

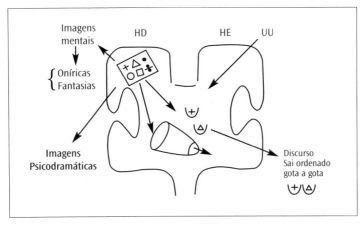

Figura 4 – Hemisférios cerebrais e linguagem[4]

René Kaës, psicanalista francês autor de vários trabalhos escritos sobre o psicodrama psicanalítico de grupo, coloca muito bem a importância do aspecto figurativo do jogo psicodramático de grupo para a elaboração das experiências traumáticas:

> lá onde precisamente a palavra faltou: a cena do psicodrama fornece um espaço de figuração a movimentos pulsionais permane-

---

4. Esboço elaborado por Rojas-Bermúdez no seminário realizado em Salvador (BA), em 1998. Os **UU** da figura representam a estrutura da língua, a linguagem, aquilo que está estabelecido socialmente, que faz parte da cultura. Tem uma ordem estabelecida e um significado socialmente compartilhado.

cidos em êxtase repetitiva, por não encontrar conteúdos de pensamento e predisposições significantes necessárias ao relançamento da representação. O psicodrama, pelas suas características de método, opera através da reativação do trabalho do pré-consciente. (Kaës et al., 1999, p. 51)

Sobre o pré-consciente, Kaës afirma que:

é o sistema do aparelho psíquico no qual se efetuam os processos de transformação que sofrem certos conteúdos e processos inconscientes para retornar à consciência. É a este sistema que estão ligados a capacidade associativa, tradutora e interpretativa da psique. (Kaës et al., 1999, p. 92)

Segundo o mesmo autor, o pré-consciente é responsável pela relação entre processos primários e secundários, figurabilidade e motricidade, visual e auditivo, e por conseqüência pelas transformações de representações de coisa em representações de palavra. Parece então haver uma grande relação entre o "pré-consciente" e o hemisfério direito.

Como psicanalista, Kaës, para expressar suas idéias, utiliza conceitos psicanalíticos cuja definição tornaria muito extenso este capítulo e fugiria ao objetivo deste trabalho. A introdução de algumas de suas reflexões tem apenas a intenção de confirmar o valor do aspecto figurativo próprio do psicodrama. Impressionaram até os psicanalistas, os quais, mesmo sem abrir mão da teoria psicanalítica, incorporaram o jogo dramático como método, devido a seu grande valor terapêutico. A imagem veio ampliar ainda mais esse aspecto do psicodrama.

Podemos concluir que, permitindo um acesso direto aos registros mais arcaicos que, de alguma forma, estão relacionados com o conteúdo emergente ou tema protagônico da sessão, a TCI favorece a elaboração daqueles registros e um maior conhecimento do mundo interno. Estimula um trabalho conjunto entre os dois hemisférios, diminuindo os pontos obscuros do eu, e proporcionando um autoconhecimento verdadeiro, que pode ser sentido e verbalizado.

Referências bibliográficas

BERNIS, Jeanne. *A imaginação: do sensualismo epicurista à Psicanálise*. Rio de Janeiro: Zahar, 1987.

DAMÁSIO, Antonio R. *O erro de Descartes: emoção, razão e cérebro humano*. São Paulo: Companhia das Letras, 1996.

_____. *O mistério da consciência*. São Paulo: Companhia das Letras, 1999.

FERREIRA, Aurélio B. de H. *Pequeno dicionário brasileiro da língua portuguesa*. 11. ed. São Paulo: Civilização Brasileira, 1969.

KAËS, René *et al*. *Le psichodrame psychanalyitique de groupe*. Paris: Dumond, 1999.

KHOURI, Georges Salim. *A construção de imagens com tecidos: para além de uma técnica aplicada em psicoterapia psicodramática bipessoal*. 2003. Monografia (Psicodramatista Docente-Supervisor) – Associação Bahiana de Psicodrama e Psicoterapia de Grupo–Asbap, Salvador, Bahia.

GONÇALVES, C. S. (org.). *Psicodrama com crianças: uma psicoterapia possível*. São Paulo: Ágora, 1988.

LALANDE, André. *Vocabulário técnico e crítico de filosofia*. São Paulo: Martins Fontes, 1993.

LAPLANCHE, J.; PONTALIS, J.-B. *Vocabulário de psicanálise*. 4. ed. Lisboa: Moraes, 1977.

MACHADO, Maria Lúcia. 2002. *Uso da técnica de construção de imagens no psicodrama*. Monografia (Diretor de Psicodrama Terapêutico) – Associação Bahiana de Psicodrama e Psicoterapia de Grupo–Asbap, Salvador, Bahia.

MORENO, J. L. *Psicodrama*. São Paulo: Cultrix, 1993.

MOYANO, G.; ROJAS-BERMÚDEZ, J. *Construcción de imágenes en sicoterapia sicodramática*. Coletânea de textos. Sevilla: Centro de Sicodrama, ago.-set.1999.

PIAGET, J.; INHELDER, B. A. *A psicologia da criança*. 9. ed. São Paulo: Difel, 1986.
REBOUÇAS, R. M. de S. *Espontaneidade: "a mais avançada forma de inteligência" (J. L. Moreno)*. 1999. Conclusão do curso (Psicodrama) – Associação Bahiana de Psicodrama e Psicoterapia de Grupo–Asbap, Salvador, Bahia.
ROJAS-BERMÚDEZ, J. G. *et al. Avances em sicodrama*. Buenos Aires: Editorial Celcius, 1984.
ROJAS-BERMÚDEZ, J. G. Images in psychodrama supervision. In: FONTAINE, P. (org.). *Psychodrama training – An European view*. Leuven: FEPTO Publications, 1999.
_____. *Introdução ao psicodrama*. 2. ed. São Paulo: Mestre Jou, 1977.
_____. *Que es el sicodrama? Teoria y prática*. Buenos Aires: Editorial Celcius, 1988.
_____. *Teoría y técnica psicodramáticas*. Buenos Aires: Paidós, 1997.
ROJAS-BERMÚDEZ, J. G.; MOYANO, G. *Dream images and psychodramatic images*. Sevilla: Centro de Sicodrama, 1999.

Parte II

5

Uso da técnica de construção de imagens na clínica psicodramática

Maria Lucia Machado

Introdução

Este capítulo apresenta parte do trabalho de conclusão do curso de formação em psicodrama terapêutico da autora e visa buscar uma melhor compreensão teórica dos resultados da técnica de construção de imagem no processo psicoterapêutico. Tentou-se investigar por que a imagem psicodramática é tão eficaz no acesso à estrutura interna do paciente. A revisão de literatura levou às considerações expostas a seguir.

Os vários conceitos de imagem[1] mostram que, seja a imagem um produto humano (mental ou concreto) ou resultado de um fenômeno físico (imagem no espelho, na água), ela é sempre uma reprodução ou representação (realística ou simbólica) de algo: objeto, situação, sentimento, pessoa etc.

---

1. Os conceitos de imagem podem ser vistos no capítulo anterior.

A imagem mental permeia constantemente a relação do indivíduo com o meio; é um elemento de intermediação entre a interioridade e a exterioridade. Todas as teorias que subsidiaram este estudo – de Moreno, Piaget e Bermúdez – situam o surgimento da imagem mental num momento importante do desenvolvimento, quando a criança começa a se perceber como um ser diferenciado, separado do mundo ao redor, ou seja, quando ela se individualiza.

Moreno (1993) fala a tal propósito da brecha entre fantasia e realidade, quando a criança começa a distinguir o que é dela, sua própria interioridade (imaginação, fantasias) em relação ao mundo exterior, com seus objetos e pessoas.

Piaget e Inhelder (1986) falam da imagem como um produto da função simbólica que começa a se manifestar por volta dos 2 anos. A partir desse período, ela já tem condições de representar, internamente (por meio da imagem mental), aquilo que acontece externamente. Pode, então, distinguir seu pensamento e sua imaginação da realidade externa.

Definindo o jogo simbólico, contemporâneo da imagem mental, como uma "assimilação do real ao eu [...] assegurada por uma linguagem simbólica construída pelo eu e modificável à medida das necessidades", Piaget e Inhelder (1986, p. 52) pressupõem a existência de um eu que, para sobreviver no mundo dos adultos, precisa recorrer a uma realidade suplementar, construída com uma linguagem simbólica, atendendo às suas necessidades.

É o próprio Rojas-Bermúdez (1988) quem traz de forma mais clara essa relação entre imagem e individuação. O autor fala das imagens como produto mental que resulta da ativação das marcas mnêmicas produzidas pela interação entre interior (EGPI)[2]

---

2. Estrutura Genética Programada Interna. Para mais detalhes sobre o conceito de imagem psicodramática, ler o capítulo 4.

e exterior (EGPE)[3], durante o processo de aquisição de atos, atividade predominante no período da estruturação do papel de urinador. O desenvolvimento desse papel possibilita separar a área mente (com suas imagens, pensamentos etc.) da área corpo (sensações, sentimentos etc.).

Ao final da estruturação do papel de urinador, que acontece por volta dos 2 anos de idade, ficam delimitadas as áreas mente e corpo que, juntas com a área ambiente – já delimitada anteriormente –, formam o **núcleo do eu**, estrutura psicológica básica do indivíduo, que tem, como correspondente neurológico, o **sistema límbico**, o "cérebro emocional" (Goleman, 1995, p. 29).

A partir desse núcleo, que estrutura e norteia, desenvolve-se o **eu**, com seus primeiros papéis sociais. Para Bermúdez, o surgimento do eu é marcado pelo início do controle esfincteriano, relacionado portanto com a possibilidade de a criança controlar seus conteúdos internos, de decidir em certa medida sobre eles, saindo do predomínio do natural para o domínio do social.

Esse eu, em interação com o ambiente social e de acordo com as exigências deste, procura administrar esse mundo interno povoado de lembranças-imagens, carregadas de emoções, tentando adequar-se aos novos desafios. É nessa construção do eu social que se desenvolve, mais ou menos, a tão comentada inteligência emocional, tendo como ponto central o funcionamento das estruturas límbicas e suas interações com o neocórtex, o cérebro pensante.

A psicoterapia traz à tona esse mundo emocional que está na raiz das vivências atuais. A imagem psicodramática, por seu aspecto figurativo, não-verbal, é um instrumento fundamental para acessar de forma mais direta (por usar a mesma linguagem) esse universo pouco conhecido que constitui a base psicológica do indivíduo, o núcleo do eu.

---

3. Estrutura Genética Programada Externa.

A imagem psicodramática viabiliza a simbolização de vivências anteriores ao surgimento da imagem mental. Ao acessar o que há de mais específico em cada indivíduo, seu núcleo, a imagem possibilita torná-lo menos obscuro, traduzindo alguns conteúdos para a linguagem verbal, integrando-os ao eu. O resultado desse processo implica o desenvolvimento da inteligência emocional, que, segundo Rebouças (1999), nada mais é do que o desenvolvimento da espontaneidade.

Durante a estruturação do núcleo do eu, período da aquisição de atos, os hemisférios cerebrais funcionam de forma semelhante, simétrica. A partir dos 2 anos, aproximadamente, ou seja, após o surgimento do eu, ocorre a especialização do hemisfério esquerdo sobre a influência do social (aprendizagem de atos, inclusive verbais). É o início da comunicação verbal.

O hemisfério direito, então, está ligado a vivências e memórias mais arcaicas, ou vivências que não puderam ser traduzidas para o hemisfério esquerdo, por não encontrarem os conceitos ou palavras correspondentes. Seus arquivos são constituídos, sobretudo, por imagens e sensações. Isso pode explicar o poder da imagem psicodramática em ativar essas formas e os conteúdos a elas relacionados, como se pode ver na vinheta clínica apresentada a seguir.

Aplicação da técnica de construção de imagens (TCI) na clínica

Para ilustrar e discutir melhor o uso da TCI, serão mencionados trechos de algumas sessões de psicoterapia psicodramática nas quais essa técnica foi utilizada.

A primeira refere-se à sessão de um grupo que vinha sendo atendido, a título de estágio supervisionado, na clínica socializada da entidade na qual se fazia a formação em psicodrama. Antes, porém, é importante conhecer alguns dados sobre o paciente, colhidos durante as entrevistas diagnósticas.

Esse paciente, que será chamado de Ciro, estava com 25 anos de idade, era casado, tinha dois filhos do sexo masculino (4 e 2 anos), ensino médio completo (curso técnico) e exercia a profissão de mecânico industrial. Filho único, criado pela mãe, vira seus pais se separarem quando tinha 2 anos. Morara também um período com a avó paterna e outro com um tio materno.

Foi encaminhado para psicoterapia por um psiquiatra com o diagnóstico de síndrome de pânico. Ficou um período na lista de espera da clínica socializada e quando o chamaram já haviam desaparecido os sintomas de pânico.

Ele apresentou as seguintes queixas: insatisfação, complexo de inferioridade, insegurança em relação à família. Casou cedo porque a namorada ficou grávida. Disse que se puniu (referindo-se a sentimentos de culpa) quando se casou e tem medo de se punir caso se separe. "As pessoas dizem que meu pai foi infeliz, alcoólatra... tenho medo de repetir meu pai" (Ciro).

O início das crises de pânico está relacionado com dois fatos: sua saída da casa da mãe, onde morava com a esposa e filhos, motivada por uma briga dela com sua esposa, e a morte do pai alguns meses depois. Em relação à briga, afirma que não esperava isso de sua mãe: "Fiquei mal" (Ciro).

Realizaram-se as entrevistas diagnósticas e, em seguida, ele recebeu atendimento individual até que se formasse o grupo no qual seria incluído – fato que ocorreu dois meses depois. A seguir, serão relatadas partes da sessão onde se utilizou a TCI.

Tratava-se de um grupo formado por cinco pessoas; na sessão em questão, estavam presentes três membros e dois haviam faltado. No início da sessão, Ciro disse que estava mal, cansado de se proteger e se defender: "[...] Tô com vontade de largar tudo". Essa era uma queixa que freqüentemente trazia. Disse que depois de dois anos de terapia não saía do lugar. Viu que tinha usado "máscaras". Quando perguntado sobre o que tinha vontade de deixar, ele declarou: "A família e a terapia". Disse que a terapeuta não lhe dava conselhos, só escutava; em casa, a situação estava muito ruim desde que tivera um caso extraconjugal. Sentia-se responsável por esse clima e tomara uma decisão: "Ou eu mudo, me comporto melhor, ou me separo".

Outros membros do grupo falaram de outros assuntos. Mais ao final da sessão, Ciro voltou a falar e disse que se sentia "empurrado" a fazer alguma coisa. O diretor pediu-lhe que fizesse uma imagem daquilo, de como se sentia. Ciro chamou uma colega do grupo e colocou-a em pé com as mãos para trás e o corpo para frente, construindo a imagem[4] apresentada na figura 1.

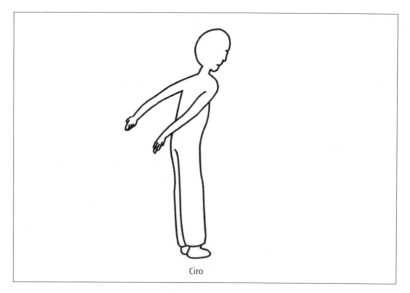

Figura 1 – Imagem feita por Ciro para mostrar como se sentia "empurrado"

---

4. Esta e as próximas imagens foram desenhadas com base nas anotações pós-sessão, realizadas pelo diretor-terapeuta, para ilustrar, aproximadamente, as imagens feitas, pelo paciente, utilizando pessoas.

Logo em seguida, observando a imagem, disse que seu passado empurrava-o para frente enquanto a família segurava-o. O diretor, então, pediu-lhe que colocasse outro colega para representar o passado. Ciro concretizou com a imagem que pode ser vista na figura 2.

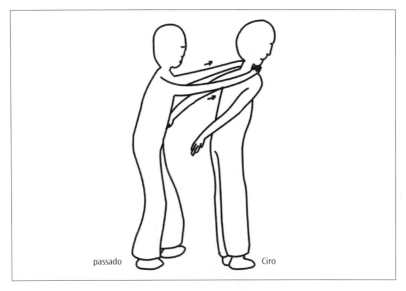

Figura 2 – Imagem feita por Ciro para mostrar como se sentia empurrado pelo passado

Ao colocar o passado e ver a imagem de fora, Ciro disse que vira seu pai ali, que era o pai quem o empurrava. Disse que pensara nos filhos ali, segurando-o (não havia mais pessoas, no grupo, para completar a imagem), puxando seus braços. Disse que se largasse a família, ele cairia.

Depois de ouvir seus comentários sobre as imagens, pediu-se que se colocasse no lugar do pai e lhe desse voz. No lugar do pai, Ciro falou: "Vai, larga tudo, não adianta você querer fazer as coisas direito, depois você vai morrer mesmo e ninguém vai se lembrar de você. Eu morri e ninguém lembra de mim". Em seu lugar, expressou o desejo de fazer as coisas como ele achava que deveria fazer. Não foram anotadas suas palavras exatas.

Para que o paciente sentisse melhor sua situação dentro da imagem, o diretor-terapeuta colocou-se no lugar de um dos filhos, e o colega de grupo, que antes ocupava o lugar do paciente na imagem, passou para a posição do outro filho. Ciro ocupou seu lugar na imagem e foi dado o movimento que a imagem sugeria (figura 3).

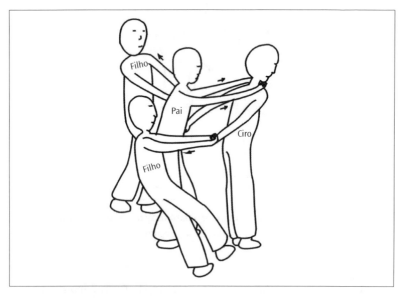

Figura 3 – Imagem feita por Ciro para mostrar como se sentia empurrado pelo pai e seguro pelos filhos.

Nos comentários, voltou a falar da família e sobre a história de seu casamento. Disse que se achava frio. Declarou que, se fosse embora, não sentiria nada pela mãe nem pelos filhos e pela mulher. Lembrava que seu pai comentara isso – que não gostava do irmão, não era ligado a ninguém – e morrera sozinho, na sarjeta.

Dentre os vários comentários, Ciro contou que, certa vez, quando era adolescente, fora a uma sessão espírita com a avó, e ela lhe dissera que os espíritos que estavam em seu pai iriam depois para ele. Tinha medo, mas ao mesmo tempo parecia querer fazer como o pai.

Esse é um exemplo de imagem simbólica. O que ele sentia dentro de si era análogo à sensação de ser empurrado. Concretizando isso daquela forma, logo percebeu que, além de empurrado, era também puxado. Tal sensação foi mostrada simbolicamente na forma seguinte. Trata-se de um processo de reaferência: a visão da imagem construída lhe provoca sensações que o reportam a outra imagem interna, concretizada na próxima imagem psicodramática.

As imagens permitiram que viesse à tona uma série de idéias e fatos do passado que pareciam estar na base do conflito central na problemática desse paciente. Com esse exemplo, percebe-se a riqueza de possibilidades apresentadas pela forma que aparece.

Rojas-Bermúdez (1988) afirma que as imagens psicodramáticas concretizam um esquema de relações. Isso se mostrava bem claro com esse paciente, que, em outros momentos, já havia trazido outras imagens nas quais aparecia sempre um jogo de forças opostas entre si, com ele no meio, imobilizado por essas forças conflitantes. Em outra sessão, Ciro mostrou a situação que estava vivenciando (figura 4, página 116).

Nesta imagem, ele se encontra entre os colegas da empresa e a esposa. Os primeiros, representados por uma pessoa, puxavam-no para um lado. A segunda, também representada por uma pessoa, puxava-o para o outro. Do lado dos amigos, havia o convite para "sair, curtir, homem que é fiel pode ser corno etc.". Já a mulher o convidava para viver uma "*love story*". Quando passava a dramatizar com as imagens, ele sempre permanecia um tempo parado, admitindo que lhe dava certo prazer ficar ali, e depois saía sem muita dificuldade e sem entusiasmo.

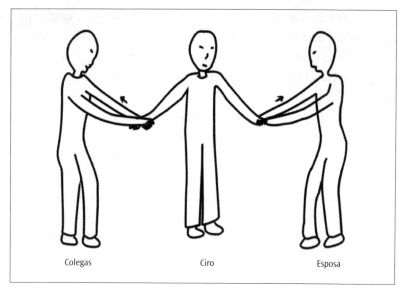

Figura 4 – Imagem feita por Ciro para mostrar uma situação de conflito interno

A imagem oferece uma visão global dos fatos (Rojas-Bermúdez, 1998). Enquanto falava, o paciente referia-se a uma sensação de estar sendo empurrado a fazer algo. Quando começou a construir a imagem, logo identificou seu passado como causador daquilo. E, à medida que as imagens internas se concretizavam no cenário por intermédio das formas corporais, ele ia tendo outros *insights* e completando sua imagem. Isso oferecia uma visão estrutural e global da situação. Ou seja, além de ser empurrado por aquele pai, modelo de abandono e de fuga pelo álcool, ele era puxado pela responsabilidade que sentia pelos filhos. Percebia que, se largasse os filhos (que aqui representam o casamento, a família), ele "caía". Ciro pôde ver isto com a imagem que tinha à sua frente, sem precisar de nenhuma interpretação da parte do terapeuta.

Essa forma evidencia, então, o conflito entre a possibilidade de identificação com o pai, que parece ser a única figura masculina de referência, e a cobrança internalizada de responsabilidade com a família. Há um desejo e um medo de ceder a qualquer uma dessas alternativas excludentes entre si. Isso o deixa em conflito e imobilizado, porém parece ser dessa forma que pode continuar "em pé".

As imagens seguintes foram construídas pelo mesmo paciente, alguns anos depois, num contexto de consultório particular e vivenciando um processo de psicoterapia bipessoal.

Em uma sessão na qual falou de suas conquistas no aspecto profissional, do crescimento em alguns papéis, surgiu a queixa de que sua relação com os amigos era a mais difícil, não melhorara nada nesse papel, achava-se "autoritário e arrogante, não aceito o outro como ele é". O diretor convidou-o a mostrar como via essa relação. Ciro construiu a imagem ilustrada na figura 5 (página 118).[5]

---

5. É importante ressaltar que esse trabalho com imagens numa situação de psicoterapia individual não pode obedecer a algumas exigências importantes. Por exemplo: o paciente muitas vezes tem de se colocar na própria imagem, já que não dispõe de recursos humanos para construí-la, ficando totalmente fora dela, como seria a situação ideal.

No exemplo dado, o procedimento foi o seguinte: o diretor pede ao paciente que faça uma imagem de como se percebe nessa relação com os amigos, oferecendo-se como matéria-prima para sua realização. Depois de construída a imagem, o paciente a observa de fora do palco e descreve-a. Em seguida, já fora da imagem, o diretor pede ao paciente que se coloque numa forma que mostre como vê o amigo nessa relação com ele. O diretor retoma a forma construída anteriormente e o paciente constrói com seu próprio corpo a forma como vê o amigo em relação a si. O diretor sai da primeira imagem, assume a forma do amigo e pede para o paciente observá-la de fora do palco e descrevê-la. A seguir, o paciente se coloca em ambas as formas, uma depois outra, e faz o solilóquio correspondente, enquanto o diretor assume a forma da imagem complementar.

Nesse caso, também o diretor está incluído na imagem, fugindo à situação ideal – que seria fora. Porém, a depender do vínculo estabelecido e do estágio no qual o paciente se encontra em seu processo terapêutico, vale a pena ousar desobedecer esses aspectos metodológicos, visto que os resultados do uso dessa técnica são sempre muito bons.

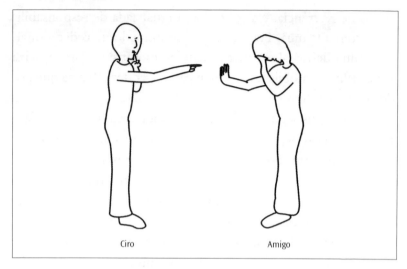

Figura 5 – Imagem construída por Ciro para mostrar como percebe sua relação com os amigos

Ciro, ao observar-se representado na imagem, ficou muito mobilizado. Disse que aquela era a imagem de sua mãe, e o amigo, a imagem dele quando criança. Fez então o seguinte solilóquio, com base na parte da imagem que o representava, naquele momento, já identificada como sendo igual à de sua mãe: "Eu sou o dono de tudo aqui, fique calado. Você é muito dependente, sou eu quem lhe dá tudo".

O solilóquio do amigo (já identificado como sendo ele quando criança) foi: "Não me bata, pare com isso".

Nos comentários, entre outros aspectos, Ciro falou de sua infância, que tinha sempre medo de tudo e sentia muita culpa. Reconhecer a forma dessa relação e fazer os solilóquios posteriores é um processo muito carregado de emoção. A imagem tem o poder de fazer o protagonista flagrar a si mesmo, de forma, às vezes, muito dura, como nesse caso.

Não se pode negar a imagem. Ela, ao contrário das palavras, permanece ali visível, concreta. Por ser estática, exige que o paciente escolha, dentre muitos aspectos e/ou situações, aqueles que lhe parecem mais significativos, relacionando e sintetizando uma grande quantidade de conteúdos internos interconectados.

A relação explicitada pela imagem já era conhecida pelo paciente. O importante nesse caso é que ele pôde constatar, por meio desta, como o "esquema de relação", vivenciado com a mãe, ainda era tão presente em seu mundo afetivo, dificultando, entre outras, suas relações de amizade.

Algumas semanas depois, o paciente comentou, durante uma sessão, que tivera uma "conversa" com a mãe, na qual pôde falar "tudo que queria" e "estava engasgado há muito tempo". Disse-lhe que tinha crescido, não era mais uma criança, tinha responsabilidade e sabia o que estava fazendo. A conversa foi motivada por mais uma interferência da mãe em sua vida, quando se sentiu repreendido por ela por estar bebendo num bar com alguns amigos. Foi pedido que mostrasse, com imagens, como se sentia antes e como se sentiu depois da conversa. A primeira imagem pode ser vista na figura 6.

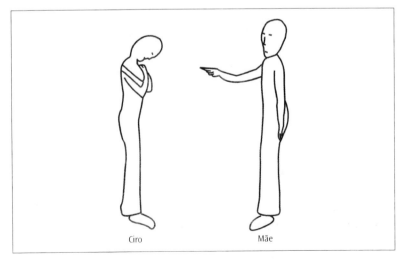

Figura 6 – Imagem construída por Ciro para mostrar como se sentia em relação à mãe antes da conversa que teve com ela

Observando a imagem, Ciro descreveu a parte que o representava como "reprimido", "deprimido", "com medo", "triste"; e a que representava a mãe como "má", "ela é muito má", "autoritária", "egoísta".

O solilóquio que fez ao assumir sua forma na imagem foi: "sinto medo de decepcionar", "medo de mim mesmo", "medo de não me controlar", "medo de agredir".

Em seguida, o paciente fez a imagem de como se sentiu após a conversa com sua mãe. A ilustração pode ser vista na figura 7.

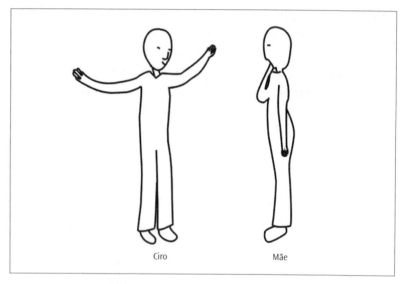

Figura 7 – Imagem construída por Ciro para mostrar como se sentia em relação à mãe depois da conversa que teve com ela

Enquanto construía a parte que o representa nessa imagem, Ciro falou em "liberdade" referindo-se à forma aberta que dava aos braços. Quando observou a imagem feita, descreveu-se como "exposto", como alguém que se "mostrou". Há, nesse fato, um dos muitos aspectos da imagem que enriquece o trabalho:

ao fazer a imagem, pensa-se em algo; ao vê-la, notam-se outros elementos, antes não percebidos. Se, por um lado, elas trazem formas (esquemas) repetitivas, por outro, trazem quase sempre elementos que surpreendem, provavelmente por resultarem de múltiplos e variados conteúdos.

Observando a imagem da mãe, Ciro descreveu-a como "decepcionada", "surpresa". Quando tomou seu próprio lugar na imagem e fez o solilóquio, disse: "Eu cresci, eu sou forte". Em nível corporal, demonstrou muito incômodo e contou, nos comentários posteriores, que se sentiu "pesado", "crucificado".

A sexta imagem (figura 6), na qual se descreve como deprimido, com medo, sintetiza bastante a forma como ele esteve, por muito tempo, no mundo. Essa era a única forma possível de se relacionar com a mãe, a qual, muitas vezes, ele descreveu como um "general".

Falando numa linguagem Moreniana, podemos dizer que esse foi o papel que recebeu, que lhe foi "doado" pela mãe, seu *role taking*. Tal forma o aprisionava, impedindo-o de crescer, mas ele tinha muito medo de rompê-la – o que poderia significar separar-se da mãe, perdê-la. Isso, para ele, parecia insuportável.

Ao longo de seu processo terapêutico, Ciro alcançou um progresso profissional muito grande e, nos últimos tempos, vinha percebendo isso e demonstrando bastante satisfação e surpresa. Era visível seu crescimento. Ele não queria e, provavelmente, não conseguia mais ficar naquela posição de submissão. A auto-estima e a segurança, desenvolvidas com a ajuda do processo psicoterapêutico e expressas, sobretudo, pelo crescimento profissional, deram-lhe suporte para romper com aquele "esquema de relação" – embora ainda com muito sofrimento.

Com base no trabalho psicodramático, nas inúmeras imagens esclarecedoras e no jogo de papéis (*role playng*), foi possível para Ciro elaborar os conflitos, o medo paralisador e criar uma nova forma de estar no mundo, mais espontânea (*role creating*) e confortável.

Considerações finais

As características da **imagem psicodramática**, destacadas por Bermúdez (1988) como aspectos que favorecem o trabalho terapêutico, foram observadas com muita clareza nos exemplos relatados neste trabalho. Destacaram-se os seguintes aspectos:

- Concretiza um *esquema de relação* e permite uma *visão global*.
- *Evidencia* uma forma ou *estrutura que produz os sintomas*.
- Transforma comunicação verbal linear em *comunicação tridimensional e simultânea*.
- Permite uma *visão estrutural* dos fatos e *compreensão da dinâmica*.
- Oferece *distância entre o indivíduo* e os *conteúdos internos* concretizados fora dele, facilitando sua compreensão.
- Favorece a *descontextualização*.[6]
- Sendo estática, exige trabalho de *síntese*.
- É *polimodal*.
- Favorece o processo de *reaferência*.

Estes aspectos explicam por que a imagem psicodramática é eficaz para acessar e trabalhar a estrutura interna. Podem ser resumidos assim:

1. Ao transformar a comunicação verbal linear em uma comunicação tridimensional e simultânea, a imagem possibilita:
   - Visão de um esquema de relação na qual se produzem os sintomas, conflitos etc.
   - Visão global dos fatos, situações.

---

6. Embora Bermúdez enfatize apenas a descontextualização, o valor desta é justamente permitir uma recontextualização. Ou seja, o surgimento de outros contextos relacionados ao problema que está sendo investigado.

2. Sendo uma síntese, facilitada pelo aspecto polimodal da imagem mental, refere-se a muitas e variadas vivências, passadas ou atuais, possibilitando:
   • O processo de reaferência.
   • A descontextualização e recontextualização.
3. Devido a seu aspecto figurativo, acessa diretamente os registros pré-verbais.

Nos exemplos relatados, podem-se verificar alguns resultados do uso da TCI. Nos dois primeiros, percebem-se as imagens funcionando como "auxiliar simbólico complementar da linguagem", corroborando o que afirmam Piaget e Inhelder (1986, p. 61). A imagem foi se desdobrando, construindo-se pelo processo de reaferência, mostrando, de modo global e tridimensional, uma estrutura e dinâmica internas que produziam sofrimento, mas ao mesmo tempo mantinham o paciente em um relativo "equilíbrio", um equilíbrio patológico.

Assumindo as diversas formas contidas na imagem, fazendo os solilóquios e/ou dramatizando com base nas imagens, o paciente pode sentir as situações e perceber e/ou experimentar possíveis e desejáveis mudanças naquela estrutura ou dinâmica, abrindo espaço para criar novas formas de estar com os outros, de desempenhar os papéis mais confortáveis para si mesmo. Novamente utilizando uma linguagem moreniana, pode-se dizer que o paciente sai do *role taking* e, pelo *role playing*, desenvolve sua espontaneidade para chegar ao *role creating*.

Na segunda parte, ao fazer a imagem da relação com o amigo, o paciente descobre que se trata da relação com a mãe. Percebe-se, neste fato, o aspecto polimodal da imagem: a forma da imagem construída reportava-se a duas vivências, uma com a mãe, na infância, e outra com os amigos, no presente.

O que poderia ser interpretado como uma simples repetição de uma relação "opressor–oprimido" vivida na infância, uma vez concretizado numa forma, pôde ser experimentado no "aqui e agora" com toda a emoção que mobilizava. O uso da TCI deixou claro para o paciente que ele apenas mudou de papel, dependendo da situação, dentro de um esquema de relação repetitivo e aprisionante, no qual ele percebeu que nenhuma das posições o satisfazia.

Nesse caso, bastou ao paciente ver a forma para descobrir o contexto que a originou. Muitas vezes, essa descontextualização precisa ser estimulada pelo diretor, por meio da consigna, pedindo ao paciente para dizer o que pensa e sente aquele personagem naquela forma. A partir daí, podem ser identificados outros contextos e situações.

Em relação à metodologia, reconhece-se a importância de trabalhar em condições ideais. Porém, constata-se que o alcance de bons resultados mesmo lidando com algumas limitações, como nos exemplos dados. É muito importante acreditar na técnica, usando-a com a segurança e a certeza de que a situação é favorável à sua aplicação, apesar das limitações presentes.

Assim como alguns registros contidos no hemisfério direito não têm tradução nem correspondência no hemisfério esquerdo, algumas experiências traumáticas, sensações demasiadamente fortes, permanecem em êxtase, não havendo, também nesse caso, uma decodificação dessa vivência que possibilite torná-la acessível ao discurso verbal.

A entrada do corpo, por meio da ação (dramatização) e/ou da forma (imagem), é fundamental para resgatar essa memória mais arcaica e as vivências até então inexploradas, contidas no hemisfério direito (imagens, esquemas), difíceis de resgatar somente com palavras. Segundo Piaget e Inhelder (1986), a imagem é construída pelo indivíduo na medida de suas necessidades, enquanto a linguagem verbal já está toda elaborada socialmente, o que explica a maior liberdade de expressão da primeira.

Todas as reflexões e conclusões deste trabalho podem contribuir para tornar mais confiável e cientificamente qualificado o trabalho psicoterapêutico, ao tentar tratar de forma objetiva, ao buscar uma compreensão teórica, difícil mas muito importante, para um trabalho que transcorre no nível da subjetividade dos vínculos.

O vínculo é muito importante, contudo é preciso avançar mais na compreensão do que se passa nessa relação terapêutica, e saber quais as técnicas que podem contribuir da melhor forma nesse processo, buscando tornar mais científico o que parece tão – e talvez sempre será um pouco – mágico.

Para trabalhos futuros, sugerem-se alguns temas que enfatizem a psicopatologia do núcleo do eu e a TCI, pois tudo que foi discutido leva a várias reflexões. Por exemplo: o psiquismo resulta de certo grau de integração orgânica (Bermúdez, 1988). Sendo assim, poder-se-ia afirmar que a psicoterapia, que inclui o corpo no aqui e agora (dramatização e imagem), facilitaria uma reorganização do psiquismo, na medida em que pode levar o paciente a entrar em contato com suas bases sensório-motoras?

Ainda segundo Bermúdez, o processo de desenvolvimento é um processo de discriminação. No início, existe uma indiferenciação total, que, aos poucos, vai-se delimitando em áreas (corpo, mente e ambiente). A psicoterapia, então, seria também um processo de discriminação? Ela ajuda a distinguir:

- O que é meu do que é do outro.
- O que penso do que sinto e do que faço.
- O que faz parte da minha vivência (sintomas), mas não sou eu todo.

Dessa forma, desenvolvendo a tele, a psicoterapia permite o estabelecimento de relações mais adequadas consigo mesmo e com os outros. A imagem psicodramática revela-se um valioso instrumento nesse processo de discriminação.

Seria a cura o resultado desse processo? Uma espécie de reorganização do psiquismo, antes confuso, agora diferenciado, identificado, autoconstruído, que favorece o aparecimento de um sujeito mais livre, mais autodeterminado, mais espontâneo, mais saudável, mais feliz?

No caso de Ciro, à medida que ele percebeu, de forma mais clara, sobretudo por meio das imagens, a confusão existente entre o que o pai fora e o que ele poderia ser, entre a forma da mãe e a dele, e o medo que tinha em relação a tudo isso, pôde ir reconhecendo e reconstruindo uma forma de ser própria. Pôde perceber melhor o que sentia e que isso era diferente do que fazia. Pôde individuar-se, elaborando o medo de separar-se, de perder o afeto do outro, de perder a identidade. Pôde perceber que não precisava fazer nem igual aos pais, nem diferente deles. Deu-se conta de que podia se separar da esposa (com a qual não conseguia viver bem), sem abandonar os filhos como fez seu pai. Notou que poderia morar só, numa casa, sem necessariamente viver isolado como sua mãe. Como um ser diferenciado, pôde fazer suas escolhas, saindo das conservas que o aprisionavam, seguindo para uma vivência mais criativa, responsável e feliz.

Referências bibliográficas

ANTUNES, Celso. *O lado direito do cérebro e sua exploração em aula.* Petrópolis, RJ: Vozes, 2001.

BERNIS, Jeanne. *A imaginação: do sensualismo epicurista à Psicanálise.* Rio de Janeiro: Zahar, 1987.

FERREIRA, Aurélio B. de H. *Pequeno dicionário brasileiro da língua portuguesa.* 11. ed. São Paulo: Civilização Brasileira, 1969.

GOLEMAN, Daniel. *Inteligência emocional: a teoria revolucionária que define o que é ser inteligente.* Rio de Janeiro: Objetiva, 1995.

KAËS, René *et al. Le psichodrame psychanalyitique de groupe.* Paris: Dumond, 1999.

LALANDE, André. *Vocabulário técnico e crítico de filosofia.* São Paulo: Martins Fontes, 1993.

LAPLANCHE, J.; PONTALIS, J.-B. *Vocabulário de psicanálise*. 4. ed. Lisboa: Moraes, 1977.

MORENO, J. L. *Psicodrama*. São Paulo: Cultrix, 1993.

MOYANO, G.; ROJAS-BERMÚDEZ, J. *Construcción de imágenes en sicoterapia sicodramática*. Coletânea de textos. Sevilla: Centro de Sicodrama, ago.-set.1999.

PIAGET, J.; INHELDER, B. A. *A psicologia da criança*. 9. ed. São Paulo: Difel, 1986.

REBOUÇAS, R. M. de S. *Espontaneidade: "a mais avançada forma de inteligência" (J. L. Moreno)*. 1999. Conclusão do curso (Psicodrama) – Associação Bahiana de Psicodrama e Psicoterapia de Grupo–Asbap, Salvador, Bahia.

ROJAS-BERMÚDEZ, J. G. et al. *Avances em sicodrama*. Buenos Aires: Editorial Celcius, 1984.

ROJAS-BERMÚDEZ, J. G. "Images in psychodrama supervision". In: FONTAINE, P. (org.). *Psychodrama training – An European view*. Leuven: FEPTO Publications, 1999.

_____. *Introdução ao psicodrama*. 2. ed. São Paulo: Mestre Jou, 1977.

_____. *Que es el sicodrama? Teoria y prática*. Buenos Aires: Editorial Celcius, 1988.

_____. *Teoría y técnica psicodramáticas*. Buenos Aires: Paidós, 1997.

ROJAS-BERMÚDEZ, J. G.; MOYANO, G. *Dream images and psychodramatic images*. Sevilla: Centro de Sicodrama, 1999.

WADSWORTH, Barry J. *Piaget para o professor de pré-escola e 1º grau*. 3. ed. São Paulo: Pioneira, 1987.

6

Construção de imagens com tecidos (CIT) em psicoterapia psicodramática bipessoal e nas organizações

Georges Salim Khouri

Contemporaneidade e psicodrama

Não tenho a intenção de discorrer sobre as implicações na produção da subjetividade e do sofrimento das pessoas que experimentam os inúmeros estímulos da passagem psicológica da modernidade para a pós-modernidade. É desse contexto social que emergem os protagonistas adolescentes e adultos do contexto psicodramático em nosso espaço clínico ou de intervenção organizacional. Eles trazem explicitamente ou no subtexto, independente das queixas idiossincrásicas, uma demanda genérica de lidar com a pressão ou exigências impostas pela contemporaneidade. Em geral, há uma mensagem explícita de resposta rápida às demandas emergentes, não importa o grau de sofrimento manifesto. Não há mais tempo para um sofrimento que "emperra" ou que atrapalha o curso da vida, apesar de a gênese desses sofrimentos se encontrar no próprio "modo de vida" colocado pela contemporaneidade. O paradoxo se instala no imaginário, e esse choque de vetores também é causa de angústia, estresse e sofrimento.

> A condição pós-moderna constitui um desafio para aquelas pessoas que precisam sentir que o terreno onde pisam é exterior a elas mesmas, objetivamente verdadeiro. *Como decorrência das tecnologias contemporâneas, todos estão sendo influenciados pelos pontos de vista de inúmeras culturas e subculturas, o que tem como resultado a perda do sentimento de que existe um consenso comum* (Lifton, 1993) [...] Uma das características da condição pós-moderna é que *as pessoas são bombardeadas por uma miríade de sugestões e influências a respeito das melhores maneiras de Ter ou Ser mais, de fazer melhor*, além de outros apelos no sentido de lutar pela superioridade. Isso leva a uma *dinâmica de excesso de opções*, que Gergen (1991) chamou de self saturado. A mídia faz apelos a uma série de desejos e dessa forma desperta selves parciais famintos de satisfação [...]. (Blatner, 2000, grifo nosso)

Enfim, a leitura que faço, semelhante à de Blatner, é a de que os clientes do "aqui e agora" querem aprender a lidar o mais rápido possível com sua dor emergente, bastando, para isso: desenvolver uma capacidade auto-reflexiva que permita um mapeamento interno; atingir certa organização mental e o "entendimento" dos diferentes estímulos e sensações que causam desconforto; ter alguns *insights*; aliviar alguns sintomas; resgatar a auto-estima; e cair no mundo para reconstruir a vida. O que venho percebendo é um comportamento tácito dos clientes, como: "Permaneço na psicoterapia enquanto ela me ajudar a responder rapidamente às minhas demandas" *(da área mente, corpo e ambiente que se reflete no si-mesmo psicológico e nos papéis sociais – no eu)*. Não há um fora sem um dentro, um externo sem um interno. Na verdade, as pessoas, ao produzirem suas subjetividades, reproduzem as demandas do contexto em que estão inseridas. É óbvio que cada caso é caso único, no que pese estarmos numa mesma cultura.

A meu ver, o desenvolvimento ou o resgate da espontaneidade-criatividade perdida (ou esquecida) é o eixo capaz de recentrar a pessoa em processo psicoterápico. A passagem do *role taking* ao *role creating*[1] de forma efetiva parece ser um imperativo da pós-modernidade, e o processo psicodramático, preconizado por Rojas-Bermúdez, opera na espontaneidade-criatividade em potência das pessoas, facilitando uma apropriação de forma mais objetiva das questões mais profundas. Os diversos processos, com que Rojas-Bermúdez (1997) trabalha no psicodrama, podem ser resumidos da seguinte forma:

a) **interação** – não basta compreender para modificar comportamentos, é necessário conhecer sua estrutura e experienciar com ela os diferentes pontos de vista;

b) **integração** – ter uma visão completa dos elementos em jogo e do grau e modo de participação deles;

c) **emergência** – resultante dos processos anteriores, surge a emergência funcional, o próprio indivíduo. O ser humano, como um emergente de múltiplos processos, desde o puramente biológico até o social e espiritual (bio-psico-sócio-espiritual). A compreensão psicodramática toma conta de todos esses processos.

---

1. *Role taking, role playing* e *role creating* compõem a gradação proposta por Moreno na classificação do papel social segundo seu grau de liberdade ou espontaneidade. A mínima liberdade no jogo de papéis está na simples adoção de papéis (*role taking*) e a máxima liberdade, na criação de papéis (*role creating*).

Instrumentalizando a criatividade-espontaneidade em potência por meio da construção de imagens com tecidos (CIT)

Dentre as várias abordagens de Rojas-Bermúdez, merece destaque a força e a riqueza da técnica de construção de imagem, principalmente com a utilização de **tecidos** – sobretudo para concretizar aspectos relativos à organização mental de forma rápida e efetiva. Ao longo de dois anos de uso intenso na sala clínica em psicoterapia bipessoal e em grupos de empresa, pude observar criteriosamente e comprovar sua eficácia nesses contextos.

> Muito do desconforto que os psicodramatistas experimentam no psicodrama com paciente individual decorre de uma situação paradoxal imposta pelas tentativas de praticar psicodrama sem abandonar modelos conservados/conservadores de psicoterapia. O dilema de como co-atuar, co-criar, co-experienciar e, ao mesmo tempo, não "se misturar" com o paciente deriva dessas tentativas. A despeito de serem mais ou menos bem-sucedidas na prática, tais tentativas resultam em discursos teóricos nos quais dificilmente distingue-se a especificidade do psicodrama em relação às demais abordagens psicoterápicas. (Albuquerque Brito, 1999)

Para Cukier (1992), "talvez a maior perda do trabalho psicodramático bipessoal se refira à perda de um referencial técnico clássico e à concomitante necessidade de se criarem novas formas de abordagem". É importante ressaltar que a CIT, no psicodrama a dois, amplia sobremaneira os recursos do diretor, substituindo a necessidade de muitas intervenções, revelando aos dois (cliente e diretor-psicoterapeuta) quais as partes mais significativas do material apresentado e suas relações mútuas. Muitos dos dilemas supramencionados perdem então o sentido, pois utilizar a CIT não implica a exclusão da palavra, do corpo e da dramatização; estes fatores são agora organizados ao redor das imagens, que passam a constituir o núcleo do processo de psicoterapia.

Como vimos no capítulo 4 (ver página 91), o modelo de Bermúdez inclui as três áreas do núcleo do eu (mente, corpo e ambiente) no processo terapêutico. A dramatização explora a ação e os aspectos emocionais mobilizados (corpo + ambiente). A CIT permite um olhar para os conteúdos subjetivos desses atos e emoções, para a estrutura dos conteúdos internos e para as relações entre seus elementos (mente + corpo + ambiente). A **característica da dramatização é a ação/atos e a da imagem é a representação da forma**. No anterior, o protagonista é envolvido dentro da cena, é um ator. Na CIT, ele constrói uma forma na qual não é incluído, é um autor que cria algo que pode considerar de longe. A dramatização é uma sucessão de atos corporais ou verbais – em relação a tempo e, assim, principalmente relacionada com a atividade do hemisfério esquerdo. A imagem é uma estrutura que dá informação de espaço simultaneamente, provê um acesso para a estrutura da elaboração interna, favorece sua compreensão e a análise da dinâmica que integra esse material (hemisfério direito).

A CIT fornece a estrutura inteira, isto é, o protagonista pode observar o esquema dos fatos apresentados, de modo global, holístico, simultaneamente. A dramatização permite ao protagonista representar um papel, dos muitos envolvidos no fato apresentado, e conseqüentemente pegar só uma parte da estrutura global do momento. As imagens, quando construídas com tecidos (pedaços grandes de pano de diferentes formas, texturas e cores), diminuem a iconização. Eliminam-se os elementos secundários pictóricos e os detalhes, **as formas são reduzidas aos elementos primários (imagem como um esquema de relações)**. Assim, a imagem mostra os elementos significativos básicos da situação representada em grau mais alto do que fazem os desenhos (desiconização).[2]

A construção de imagens com tecidos: metodologia, aportes no manejo e efeito em psicoterapia psicodramática – Casos clínicos ilustrativos

O procedimento geral para aplicação da técnica de construção de imagens com tecidos em psicoterapia psicodramática bipessoal é a mesma utilizada na construção de imagens com pessoas. São inúmeras as possibilidades de manejo, desde que não se perca a perspectiva de utilização dos passos fundamentais: **a realização da imagem em si** e **a realização de solilóquios em cada elemento da imagem**. O efeito é sempre potencializado quando associamos, no processo de elaboração das imagens, além do solilóquio, as outras técnicas fundamentais do psicodrama: **a inversão de papéis, o duplo** e **o espelho**. A dramatização e a construção de imagens não são opostas, e sim complementares, podendo ser alternadas ao longo da etapa da dramatização. As possibilidades de aplicação da CIT vão além de uma simples técnica de psicodrama, pois sua utilização sistemática amplia sobremaneira os recursos do diretor, podendo constituir-se no eixo do processo de psicoterapia psicodramática bipessoal. A seguir, veremos os procedimentos gerais, a metodologia e os novos aportes no manejo incorporado com base em minha experiência clínica:

- A depender do tema protagônico emergente do cliente, solicitamos a utilização de **tecidos** de tamanho variando **de 0,8 m**

---

[2]. Rojas-Bermúdez e Graciela Moyano, *Dream images and psychodramatic images*, 1999.

a 1 m de largura por 2 m de comprimento, de **várias texturas e cores**, para a construção de uma imagem, de uma "escultura" que represente um sentimento, um sintoma psicossomático ou não, uma situação angustiante, uma cena do passado etc. Costumo colocar todos os tecidos dobrados numa caixa ou baú grande o suficiente para permitir que o cliente possa observar de primeira as diversas tonalidades dos tecidos (impacto visual). Ao propormos a técnica, muitas informações sobre o cliente já podem ser obtidas: como ele reage ao tema proposto, se de forma evitativa, tranqüila ou ansiosa; como ele manipula e escolhe os tecidos, se impulsivamente ou reflexivamente etc.

- Após a imagem construída, focalizamos inicialmente na forma geral do que foi produzido pelo cliente. Normalmente, antes de aprofundar nas partes da imagem, solicito ao cliente que busque **associar a forma global** da imagem construída por ele **com objetos ou qualquer outra idéia**, visando estimulá-lo a abstrair por um momento. Posteriormente, peço que escolha um – e somente um – objeto que mais se aproxima do que gostaria de comunicar. Eventualmente, pode-se **solicitar um título** para a "obra" produzida.

- Buscamos agora orientar o cliente a aprofundar o entendimento e o significado do que foi plasmado. Essa etapa é crítica e necessita uma interação cuidadosa para não contaminar o conteúdo do cliente. De maneira gradativa, a depender do tema protagônico e do acompanhamento sócio-histórico, **solicitamos que o cliente**:
  - **Escolha uma parte da imagem**. Em geral, é importante focalizar a forma da parte, porém questionar sobre o porquê das cores/textura escolhidas também pode facilitar a construção do significado. Pode acontecer de a cor e a textura escolhidas não terem significado para o cliente, ou o significado "aparecer" (subtexto) posteriormente com o desenvolvimento da cena.

- **Expresse corporalmente a imagem de cada uma das partes plasmadas.** Com base nas expressões, solicitar que verbalize em voz alta o que pensa e sente em cada uma das partes que configuram a imagem (técnica do solilóquio). Inúmeras possibilidades podem emergir desta intervenção, a exemplo de livres associações a respeito da imagem e emergência de novos sentimentos. O terapeuta pode explorar ainda mais **solicitando a imagem complementar** da expressão corporal de cada parte. Nesse momento, os precisos questionamentos do terapeuta levam o cliente a compreender sua própria dinâmica e subjetividade, iluminando o caminho para a melhor significação e explicação do fenômeno existencial vivido por ele.
- **Expresse os conteúdos verbais** desenvolvendo a idéia e os significados de cada uma das partes.
- **Expresse corporalmente a imagem global.** A depender da história do cliente, essa pode ser a primeira ou a última consigna. Geralmente tenho utilizado no final, e, da mesma forma que na intervenção na parte, solicito a **construção da imagem complementar da expressão global e respectivo solilóquio.**
- Se a imagem construída remete a questões temporais ou cronológicas, podemos solicitar a **elaboração da imagem anterior e posterior** da CIT realizada, a fim de investigar as fantasias sobre a origem e o futuro esperado da situação plasmada. Podemos solicitar ainda a evolução provável. Qual a imagem do que de melhor pode acontecer? Qual a imagem do que de pior pode acontecer?
- **Desdobre essa imagem construindo uma nova imagem.** Naqueles casos em que a imagem do cliente é pobre em simbolismos ou se tenta reproduzir como uma cópia de uma imagem real, podemos solicitar o desdobramento da imagem na tentativa de investigar níveis mais aprofundados ou o substrato da cena. A imagem matriz deve sem-

pre permanecer na cena, e as imagens desdobradas devem ser construídas com os outros tecidos.
- **Elabore imagens anteriores e posteriores** à imagem matriz, com o objetivo de configurar uma série.
- **Elabore um "conto infantil" com base nas imagens construídas.** O diretor vai passando (como as folhas) cada imagem, segundo o desenvolvimento da história.

Ao construir uma imagem estamos realizando durante a vigília um processo que se dá naturalmente durante o sono (imagens oníricas): a síntese e concretização de uma multiplicidade de idéias, experiências, emoções, sensações num esquema visual. (Rojas-Bermúdez, 1999)

A seguir, apresentaremos alguns casos ilustrativos com a seqüência de manejo e os efeitos em psicoterapia psicodramática bipessoal e intervenção organizacional:

CASO 1 – Relato da sessão de uma cliente que vive uma crise na relação com o parceiro. Após quatro anos de convívio, descobre que ele se envolveu com outra mulher, irmã de um amigo dele. A relação invejável nos dois primeiros anos era motivo de comentário positivos de parentes e amigos. Ela, 36 anos, bacharel em Ciências Contábeis, bem-sucedida no trabalho, procura terapia para ajudar a salvar o casamento, uma vez que o ama. Quando chega à terapia pela primeira vez, ainda não sabe do envolvimento com a outra mulher. Chega ansiosa, insegura, desconfiada do parceiro. Trata-se do terceiro casamento dela. É importante salientar que o movimento de rompimento nas relações passadas foi dela. O atual parceiro é nove anos mais jovem e há dois anos ingressou na universidade. Ela praticamente sustenta o casal, pois o apartamento onde moram é dela e o salário dele ainda é muito baixo para uma contribuição mais significativa com as despesas domésticas. Ao longo desses dois anos de universidade no período noturno, ela vem notando mudanças no comportamento do parceiro, principalmente na forma de ele se relacionar com ela. A seguir, o relato de uma sessão feito pela própria cliente após três meses de tratamento, exatamente como foi escrito por ela. Assim, podemos aferir também como ela percebeu as consignas solicitadas.

Compareci para mais uma sessão de terapia com o Dr. Georges Khouri.

Ao chegar, sentia-me extremamente confusa, com muita raiva, deprimida, com uma grande angústia que doía o meu coração.

O terapeuta me fez a seguinte pergunta:
*– **Como você vê o seu relacionamento hoje?***

Não tive como responder, pois estava com muita dificuldade de me expressar, já que os sentimentos estavam todos misturados.

Ele disse: – Não diga nada agora. Vamos para o palco e faremos um trabalho.

Então, ele pegou um baú contendo vários recortes de tecidos, de variadas cores, alguns claros e outros escuros. Refez a pergunta e pediu-me para selecionar primeiramente quantos tecidos precisasse e depois os colocasse de acordo com o que eu sentia, como forma de representar uma resposta. Escolhi um tecido preto, um azul escuro e dois cor de vinho. Coloquei-os da seguinte forma:

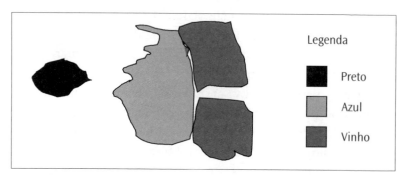

Assim que **formei o tecido preto**, comecei a chorar muito e a amassá-lo também. Continuei chorando e coloquei os outros tecidos com uma certa hesitação. O terapeuta me pediu para olhar toda a figura e dizer **qual a forma** que eu via, naqueles tecidos, como um todo. Eu só olhei o tecido azul e o cor de vinho. Não olhei para o preto e disse que via uma coisa disforme, um castelo de areia desmanchando.

O terapeuta me perguntou o que aquela figura representava para mim. Então, respondi que o tecido preto representava eu mesma, e os outros, o meu companheiro. Ele me perguntou por que eu escolhi o preto e aquela forma. Eu disse que me sentia como uma pedra escura, sem vida, inerte, sem conseguir passar energia para ninguém que interagisse comigo. Ele me pediu que fizesse a expressão corporal daquele tecido e fiz um corpo todo encolhido com os braços envolvendo a cabeça e ouvidos, como se não quisesse ouvir o que meu companheiro queria me dizer.

Em seguida, ele me perguntou o que representavam os outros tecidos. Eu disse que o tecido azul representava uma das atitudes do meu companheiro, ou seja, o pedido de perdão, a promessa de me tratar como no início do relacionamento, com a devida consideração e respeito. Fiz então a expressão corporal deste tecido com o corpo voltado para o tecido preto (que me representava) de braços estendidos. Ele me pediu para fazer algumas vezes a representação do tecido preto e a do tecido azul, assim como levantar e olhar as figuras de vários ângulos.

Em seguida, expliquei que o primeiro tecido vinho representava o rosto cínico do meu companheiro quando discutíamos, por ele chegar com freqüência muito tarde em casa. O terapeuta pediu que eu fizesse a expressão corporal deste tecido, depois novamente a do tecido preto e me perguntou:

– **Como você pode ver o rosto dele (tecido vinho), se está com o rosto e a cabeça envoltos nos braços (tecido preto), sem olhar para nada?**

– Não estou vendo. Esta é a imagem que guardei dele nos momentos de discussão. Ao terminarmos o diálogo, ele sempre fazia esta expressão cínica, com um sorriso mal- intencionado.

Fiz novamente a expressão e passei para a representação do segundo tecido, o vinho. Disse-lhe que este tecido representava mais uma face do meu companheiro durante uma discussão. Um rosto de desprezo, desdém, falta de consideração, indiferença, como se o que eu estivesse falando não precisasse ser refletido por ele. Fiz a expressão do corpo em pé com o rosto virado para trás, como se não estivesse dando importância aos meus motivos.

– **Como você pode ver este rosto de desprezo (tecido vinho), se está com o rosto envolto nos braços e sem olhar para nada?**

– Eu não estou vendo. Esta é a imagem que ficou gravada em minha memória, quando nós discutíamos pelos motivos já citados.

O terapeuta me perguntou se eu conseguia ver aquela figura como um corpo, em que o tecido preto representaria a cabeça e os outros, os membros e tronco. Ficou claro para mim que eu era o cabeça da relação (tecido preto), com mais maturidade e independência. E ele era dependente de mim. Percebi que durante este trabalho ia conseguindo me expressar com mais precisão e começando a separar os sentimentos que a princípio estavam misturados. No dia seguinte a esta sessão, ao acordar, estranhamente me sentia diferente. Cheguei a tocar o meu coração com a mão esquerda e me perguntar por que eu não sentia mais aquela dor da angústia. Estava leve, tranqüila. Aqueles sentimentos de raiva, mágoa, depressão, confusão e rancor sumiram por completo do meu coração. Estava alegre e sorridente. Não sofria mais. Parecia que participara de uma mágica ou milagre. Tive a sensação de que quando o terapeuta guardou os tecidos de volta no baú, levou também *estes sentimentos sombrios. Concluí, também, que só consegui me expressar e resolver tais problemas em uma sessão com a ajuda dos tecidos. Se eu utilizasse apenas o diálogo, precisaria de, talvez, quatro sessões para conseguir decifrar o que estava sentindo.*

Comentário: Neste caso, a cliente retrata com muita precisão uma sessão utilizando a construção de imagem com tecidos. Ela já chegou à sessão com bastante tensão e confusão de sentimentos. Muito racional e com uma boa capacidade discursiva, privilegiando o verbal, trouxe consigo a característica de remoer pensamentos, sempre os mesmos, num prolongado *looping* mental. A metáfora é: "já chega falando pelos cotovelos". Capturar o pensamento em *looping*, brecando o fluxo de pensamento compulsivo para permitir sua objetivação e concretização com base no que ela estava sentindo, era meu objetivo terapêutico naquele encontro. A hipótese sugeria que o si-mesmo psicológico (SMP) muito dilatado (estado de alarme) não permitia que o papel de esposa fosse mais bem objetivado para analisar a situação e decidir o que fazer. A meta terapêutica da sessão era trazer o SMP para um nível adequado ao jogo de papel de esposa.

Solicitei-lhe passar ao palco e trabalhar com a seguinte consigna: **Utilizando os tecidos desta caixa, construa uma imagem do seu sentimento em relação ao relacionamento com o seu parceiro hoje.** Intervindo com a construção de imagem com tecidos, a cliente vai cessando progressivamente o fluxo de pensamento em *looping* à medida que plasma com os tecidos o seu sentimento. Facilitamos, assim, um olhar focal para a estrutura de seus conteúdos internos (subjetividade produzida). Ou seja, após construir a imagem, a cliente está de fora, olhando para seu interior, que agora também está fora, diante dela e "congelado". Somente com o processo de construir a imagem, a cliente já apresentava certa "compreensão" do que estava acontecendo. Uma catarse integrativa estava em processo. Quando ela começa a construir uma imagem com o tecido preto e chora muito, por exemplo, há uma identificação clara da relação **imagem plasmada – emoção causada**. Arriscaria a dizer que, a partir daí, o mecanismo de reaferência já começa a agir. A minha hipótese é que a reaferência seria o correspondente neurológico da catarse de integração.

A forma-imagem construída expressa como a cliente organiza seus conteúdos internos em relação à situação que está vivendo – a história do seu relacionamento e sentir-se traída pelo parceiro. Porém, a fim de alcançar uma compreensão maior do que está acontecendo, é necessário que ela se desloque da experiência fenomenológica de si mesma (estado confusional, sentimentos, imagens, sensações corpóreas etc.) para um sentido de si mesma (atribuição de significados da imagem construída, operação reflexiva e explicativa da experiência). Para facilitar isso, solicito que ela observe a forma da imagem construída como um todo e as suas partes, procurando dar um significado ao que foi plasmado. Ela não consegue inicialmente ter uma visão do todo, então acompanhamos o que ela pôde ver nas partes. Visando ampliar a compreensão, fui utilizando também a expressão corporal para sintetizar e integrar progressivamente os significados atribuídos nas imagens (ver o relato da cliente).

Finalmente perguntei a ela se conseguia ver na imagem do todo a figura de um corpo humano, em que o tecido preto representaria a cabeça e os outros tecidos, os membros e troncos. Ela validou essa idéia inicial, concluindo com uma explicação mais global da situação de seu relacionamento (ver explicação da cliente no relato anterior). É importante ressaltar que, em que pese à analogia da figura como um todo ter sido sugerida por mim, a atribuição de significados é propriedade exclusiva da cliente.

Solicitei, ao final, que ela reescrevesse essa importante sessão ao longo da semana, inclusive reproduzindo com um desenho a imagem construída com tecidos. Essa é uma prática que uso sistematicamente no manejo da técnica de construção de imagens com tecidos, preferencialmente na própria sessão. O cliente vai desenhando a imagem relembrando das passagens desde a fase pré-reflexiva, quando o afetivo-emocional estava mais presente, até a fase reflexiva e explicativa, quando atribuía significado a toda sua experiência. Outras vezes, fotografo com câmeras de revelação instantânea, ou solicito ao próprio cliente que fotografe sua produção em vários ângulos, para depois ele rever a sessão. É a etapa de comentário do processo psicodramático. Esse registro poderá ser utilizado em sessões futuras para analogias com outros temas protagônicos, avaliação do desenvolvimento do cliente etc.

CASO 2 – Trata-se de um adolescente do sexo masculino de 14 anos, aqui denominado AA. A mãe traz como queixa inicial as crises de asma do filho, que acontecem desde os 8 anos de idade, e o mau desempenho na escola – perdeu a quinta série. Diz que se masturba demais e que exibe o sexo para a tia. Mora com os avós, pois a relação da mãe com o pai é cíclica, muitas vezes marcada por brigas violentas. O pai é alcoólatra e adora o filho; diz que o menino sempre tem uma crise quando vai para a casa dos pais. A mãe revela que o rejeitou desde a gravidez. Que casou por causa da gravidez. Segundo ela, "o parto foi horrível, com muitas dores, e o médico dizia: se você não fizer força para seu filho nascer, ele vai morrer dentro de você. Não queria que ele respirasse". AA se apresenta como um adolescente padrão da classe média na forma de se vestir e de falar. Ao contar sua história biopatográfica, fala da asma, diz que é genética, que nasceu assim e usa bombinha quando necessário. Conta como o pai conheceu a mãe, diz que são casados, mas que vivem como se fossem namorados. Diz que morou no início com os pais e depois foi para a casa do avô. Fala dos anos de separação dos pais e do posterior retorno. Após montar o átomo familiar, intitula-o "Família Trapo".

Após dois meses de psicoterapia psicodramática, AA trouxe pela primeira vez a questão da asma. Teve uma crise que o deixou inseguro e assustado. Solicitei-lhe então que passasse ao tablado. Mostrei a caixa com os tecidos e pedi a ele para **construir com os tecidos a imagem do que sentia ao ter uma crise de asma**. A figura 1 mostra a imagem construída por AA.

Figura 1 – Imagem do que AA sente ao ter uma crise de asma

Após a construção da imagem com os tecidos, pergunto:
– Em que lugar do corpo você sente o que construiu aí no tablado?

Neste caso, privilegiei o plástico, o fenomenológico, um momento pré-reflexivo. Retardei a prospecção da rede de significados por perceber que AA procurou construir uma imagem como retrato de seu corpo físico, sem conseguir abstrair.

AA: – No peito.

– Sente o quê?

AA: – Algo assim que me aperta!!!

– Faça agora, utilizando outros tecidos, a imagem do que sente no peito (figura 2).

Figura 2 – Segunda imagem construída por AA e a relação da primeira com a segunda no tablado

– Agora, só observando a forma, o todo, com que esta imagem se parece?

AA: – Com uma gruta, uma caverna, uma porta! Isto sempre acontece quando sinto raiva!

– O que acontece?

AA: – A asma. É isso! Toda vez que fico irritado, com raiva, ela aparece.

Comentário: Segundo nossa experiência, a tentativa de reproduzir como um retrato a imagem solicitada é comum e muito freqüente em adolescentes. Esse fato pode indicar:

- dificuldade de abstração;
- fase de aquecimento específico inadequada, na qual o si-mesmo psicológico encontra-se ainda dilatado;
- evitação da consigna do psicoterapeuta.

Muitas vezes, para ir mais fundo, é necessário desdobrar imagens a partir de parte da imagem inicial primária ou de sentimentos expressos durante a exploração dos significados da imagem construída externamente. No caso anterior, desdobramos a imagem primária do cliente, com base na articulação da imagem que expressava o sentimento de insegurança e medo com uma parte de seu corpo. A análise da forma da nova imagem e o processamento de seu significado permitiram a AA dar um sentido àquela crise de asma. Ocorreu uma tomada de consciência, uma explicação para si mesmo do que acontecia com ele quando ficava irritado e com raiva. *"Toda vez que fico irritado, com raiva, ela [a asma] aparece."* De fato, essa sessão foi fundamental para AA, pois a partir dela não houve recorrência da asma por um longo período. Era óbvio que existia algo mais profundo do que o nexo causal irritação/raiva–asma. Porém, ao se dar conta dessa relação, nesse nível de autoconhecimento, ele se organizou melhor, facilitando a continuidade do processo psicodramático, uma vez que outras questões relacionadas ao episódio psicossomático foram sistematicamente sendo abordadas à medida que chegavam como conteúdo protagônico.

CASO 3 – Trata-se de um cliente adolescente, do sexo masculino, de 17 anos, aqui denominado AB. A primeira entrevista foi com uma das irmãs do primeiro casamento do pai. Ela demonstra preocupação pelo comportamento do irmão, que só fica calado, deprimido, não tem amigos, vai mal na escola, só faz ler. Filho único do segundo casamento do pai, tem cinco irmãs e dois irmãos, todos do primeiro casamento do pai. Os pais moram em outro estado. Nasceu em Salvador, mudou-se para outro estado aos 8 anos e ficou até os 16 anos, tendo estudado lá. Retornou há dois anos e atualmente mora com a irmã mais velha de 43 anos de idade. Viveu com os irmãos dos 3 aos 5 anos, pois era acolhido pelas irmãs.

Quando fui buscá-lo no primeiro encontro, na sala de espera, estava cabisbaixo como se esgotado. Não fala, limita-se a responder às perguntas que eu faço. Diz que resolveu vir, pois achava que a irmã tinha razão com relação a seu comportamento. Fala da timidez e da difícil comunicação com as pessoas. Sente-se cansado, preguiçoso, tem preguiça de falar com as pessoas. Acorda sem vontade de levantar, e neste ano esse comportamento está mais intenso. Apesar disto, faz natação. Diz que sempre foi calado, desde pequeno, e é indiferente às coisas – "não me abalo com nada". Lê todo dia e naquele momento lia *Poema do haxixe*, de Baudelaire. Perguntei se usava drogas. Respondeu que fumava maconha, mas não ia às "bocas". Fuma só com amigos na terça, quarta, quinta, sexta. Diz que não é viciado, não bebe, quer experimentar ácido, coca e começou a fumar neste ano – "deu vontade de experimentar". Veste-se mal, com barba por fazer e cabelos longos despenteados, e ideação suicida intermitente. O estado depressivo de AB nos fez encaminhá-lo ainda nas sessões de entrevista para um colega psiquiatra. Foi prescrito Veratina de 20 mg. Começamos um trabalho paralelo de acompanhamento psiquiátrico e psicoterapêutico.

O início da psicoterapia psicodramática com AB foi muito difícil. Ele não trazia suas questões, sempre respondendo de forma monossilábica, arrastada e sem energia. O átomo familiar e social sugeria uma pessoa socimetricamente isolada, sem amigos e sem família. Com 17 anos, AB revelava uma imensa dificuldade de socialização. Seus amigos eram os livros, os quais muitas vezes lia repetidamente. Nas sessões iniciais, utilizei mais freqüentemente exercícios de bioenergética (*grounding*), privilegiando a área corpo, que segundo nossa hipótese era o fio condutor (área supervalorizada)[3] para desenvolver mecanismos reparatórios adequados e restabelecer a discriminação de áreas confundidas – no caso, área mente e ambiente. À medida que os exercícios de bioenergética e o efeito do medicamento foram reequilibrando AB, começamos a introduzir sistematicamente a CIT. A primeira sessão foi realizada duas semanas após o início da intervenção medicamentosa. Pedi a AB que **construísse uma imagem, com os tecidos, de como se sentia na escola**. A figura 3, reprodução da imagem construída, revela de forma clara seu estado depressivo. Quando solicitei

---

3. No núcleo do eu, as áreas mente, corpo e ambiente são delimitadas pelos papéis psicossomáticos de ingeridor, defecador e urinador. Ao desenvolver a idéia da fisiopatologia do núcleo do eu, Rojas-Bermúdez nos diz que as síndromes psiquiátricas estruturais resultam, devido ao estabelecimento de porosidades em um ou mais papéis psicossomáticos, das experiências inadequadas de interação entre o indivíduo e o meio durante seu processo evolutivo. Essa porosidade impede a discriminação de estímulos entre as áreas, que se mantêm assintomáticas até o surgimento do eu. O mecanismo reparatório é uma elaboração egóica destinada a suprir as carências do papel psicossomático com porosidade, restabelecendo a discriminação entre áreas. Já a área supervalorizada é limitada por papel psicossomático sem porosidade. O eu pode utilizar essa área preservada para elaborar mecanismos reparatórios a fim de restabelecer as porosidades e facilitar a discriminação. Para mais detalhes, ver: a) J. Rojas-Bermúdez, *Teoria y técnica psicodramáticas*, p. 341, 453; b) J. Rojas-Bermúdez, *Que es el sicodrama?*, p. 65-144.

uma analogia da imagem com um objeto qualquer com base na forma global da imagem, AB correlacionou-a com uma flor. Para mim, a idéia da flor naquele momento terapêutico foi um indicativo da possibilidade de seu crescimento.

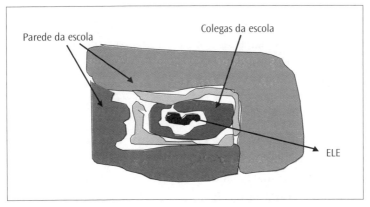

Figura 3 – Construção de imagens com tecidos representada esquematicamente (o tecido formando o núcleo central da imagem representa o cliente)

As dificuldades de AB trazer suas questões e falar sobre elas ainda permaneciam. Um mês após a intervenção medicamentosa, ocorreu uma sessão fundamental para seu processo psicoterapêutico. Estávamos conduzindo uma sessão de relaxamento com visualização criativa e AB me revelou que visualizara a si mesmo como uma pedra num campo com sol e chuva. Como tínhamos pouco tempo, solicitei que escrevesse um texto sobre a imagem visualizada para trazer na sessão seguinte. No dia marcado, AB apareceu com um texto manuscrito, o qual pedi que lesse para mim. Eis o conteúdo:

O sol a pino. Os cactos, a areia. O maço de cigarros esquecido por Chaparral e seus amigos, os calangos. Às vezes, um mocho, à noite. Gostaria de sair daqui e ver outras coisas, impossível. Sou uma grande e pesada pedra de granito. Não sei há quanto tempo estou aqui, desde que tive consciência da minha existência já se passaram centenas, milhares de anos, talvez (meu Deus! Será possível alguém morrer de tédio?). O tempo passa, o sol, a chuva, e eu permaneço aqui sem me abalar, contando às outras pedras minhas melancolias minerais. Não respondem, pois pedras não falam. Gostaria de andar e falar como Chaparral e seus amigos, sinto que posso, alguma coisa me impede. *Mas, mesmo assim, continuaria sendo uma rocha, impenetrável, resistiria às leis, às regras e a não me tornar um cidadão decente ... ah! Não sei.*

    Ele me disse que o personagem Chaparral existia de verdade na cidade onde vivera anteriormente, em outro estado. Era um marginal de quem todos tinham medo. As pessoas lhe contavam as histórias de Chaparral e ele guardara o nome na memória. Nutria admiração por aquela figura, porque todos tinham medo dele. O fato é que o texto acima é rico em conteúdos simbólicos que AB nunca conseguira trazer de forma verbal nas sessões anteriores. Encaminhei-o para o tablado e solicitei-lhe uma CIT do seguinte trecho do texto: "Gostaria de andar e falar como Chaparral e seus amigos, sinto que posso, alguma coisa me impede". A idéia era articular o conteúdo do texto, cuja produção privilegiou o hemisfério cerebral esquerdo, com uma produção mais plástica, que privilegiaria o hemisfério cerebral direito. A estimulação de ambos os hemisférios favoreceria o fluxo do pensamento, ampliaria o processo de comunicação de AB e conseqüentemente incrementaria sua capacidade de telerelação.

    A figura 4 mostra a imagem construída com os tecidos. Para AB, a forma daquela imagem lembrava um anjo ou um polvo com tentáculos atacando peixes. Ele era a pedra imóvel (tecido escuro na figura 4) em que Chaparral se encosta. Pedi a ele para ficar no lugar da pedra (figura 5).

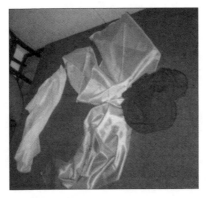

Figura 4 – Construção de imagem que representa o seguinte recorte do texto produzido: "Gostaria de andar e falar como Chaparral e seus amigos, sinto que posso, alguma coisa me impede".

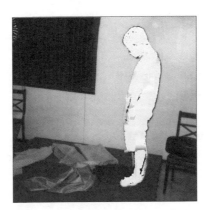

Figura 5 – AB se posiciona no lugar do tecido vermelho que representa a pedra (ele). Desse ângulo, observa a imagem plasmada (objetivada) e vai dando significado ao todo e às partes, de acordo com meus questionamentos, construindo assim uma idéia sobre si mesmo (explicação).

Perguntei:
– O que você sente nesta posição?
AB: – Me sinto bem! É bom ver Chaparral livre com seus amigos.
– Você gostaria de ser como Chaparral?

AB: – Sim. Eu gostaria. Eu queria que as pessoas tivessem medo de mim. Que me respeitassem. Mas eu não consigo. Sou como uma pedra imóvel, estático, sem vontade. [...] Preciso me mexer...

Essa sessão forneceu o fio condutor para o processo psicoterapêutico de AB. Sistematicamente solicitava-lhe a elaboração de um novo texto para a sessão seguinte de acordo com recortes do texto que ele trazia. A sessão era iniciada com uma escuta sobre como ele estava, como tinha passado a semana. Posteriormente solicitava a leitura do texto e eu escolhia um trecho com base em minha leitura "télica" do subtexto, do implícito, para trabalhar com CIT. Esse procedimento permitiu uma evolução do quadro de AB de tal forma que, em quatro meses, a medicação foi suspensa. Duas semanas após a sessão descrita, AB aparece com os cabelos cortados e a barba feita, mudando radicalmente sua aparência. Ao longo de dois anos trabalhamos mais freqüentemente utilizando como eixo a seqüência:

Texto produzido durante a semana → recorte de um trecho → construção de imagens com tecidos

Em algumas sessões, além do texto, solicitei, para os temas recortados, a utilização de massa de modelar, visando representar os personagens e o cenário. A inserção desse material, contudo, só se deu numa fase mais avançada da psicoterapia psicodramática, quando era necessário utilizar elementos mais estruturados, a exemplo de desenho com lápis de cera, pintura com o dedo, pincel e modelagem com massinha.

A seguir, o último texto produzido por AB, entregue no derradeiro encontro, quando trabalhávamos o encerramento do tratamento.

CHAPARAL

Depois de comer, beber e fumar, Chaparral desencosta as costas da pedra e chama seus amigos pra continuar andando. Em três anos, a pedra ensaiou alguns movimentos. Por fim, levantou-se, fumou os cigarros esquecidos e seguiu andando também sem saber pra onde. Passou por várias favelas da cidade e lá aprendeu a malandragem, as histórias de homens simples, aprendeu a boiar, tornou-se mais leve do que a água, e nadou na bahia de todos os santos, conheceu muitas pessoas que tentaram derrubá-lo e outras que tornaram sua existência mais leve. Lembra-se de todos agora. Pessoas que passaram rapidamente ou que causaram impacto. Tornei-me diferente do que era, a cada uma que passava, mas continuo único, de rocha. Pois essas pessoas me fizeram ser o que sou, mas não sei o que é isso, vou me misturando para ver no que vai dar, e procuro Chaparral para acertar as contas no final.

Agora sem metáforas. Agora, já ando igual a Chaparral ou a qualquer um dos seus amigos, sem tanta poesia, porém agora deixo de sonhar (mesmo sabendo que TUDO é um sonho) para ter as coisas. Agora o que importa é o instante após esse. O que mais eu poderia dizer?

CASO 4 – Trata-se de um exemplo da utilização da CIT em contexto organizacional. Esse trabalho foi realizado com cinco grupos, na Secretaria da Fazenda do Estado da Bahia, cujo título e o Programa descrito a seguir permitem ter uma visão da natureza do contrato:

Encontro para integração e desenvolvimento dos papéis (grupo de implantação e gerenciamento dos procedimentos e rotinas das inspetorias – Sefaz – BA)

Conteúdo programático

A visão sistêmica do processo de implantação e administração do Sistema de gestão e gerenciamento das rotinas (homogeneizando conhecimentos e informações);

Sugestões comportamentais para a potencialização do trabalho do grupo;

"Eu" e o outro no "grupo de procedimentos e rotinas de implantação e gerenciamento" – Uma equipe de trabalho? (reflexões e análise crítica);

Quem é quem no grupo – os atores e seus papéis (O grupo de elaboração e administração, os gestores do grupo e os instrutores);

Expectativa e clareza dos papéis;

Percepção e desempenho dos papéis;

O perigo da distorção dos papéis: a desterritorização dos corpos e o congelamento das relações interpessoais;

Teste de percepção – invertendo papéis – eu no lugar do usuário;

O processo de desenvolvimento dos vários papéis do grupo: as preocupações, as dúvidas, os medos, os anseios, as emoções, a contaminação do papel e as cenas temidas.

Resultado dos encontros

Maior integração, sensibilização, humanização, além de:

Mobilização dos participantes para iniciar um processo de implantação e administração do Sistema com mais segurança e motivação.

Tomada de consciência dos elementos do *feedback dos usuários* como fundamentais para a melhoria do sistema e de sua construção compartilhada.

Ampliação da percepção dos vários papéis, suas potencialidades e as possibilidades do trabalho em equipe.

A CIT foi utilizada na etapa de avaliação do processo grupal deste trabalho. A seqüência de imagens é auto-explicativa (ver figuras 6 a 9, nesta página e nas seguintes). Solicitei inicialmente um voluntário e pedi a ele que construísse uma imagem CIT de como o grupo chegou no início do encontro. Deixava claro que aquela imagem era a sua percepção, e não a do grupo. Após a construção, o grupo confrontava a percepção (variante do teste de percepção). Posteriormente, eu pedia ao grupo que construísse uma réplica da imagem elaborada com tecidos, utilizando agora a construção de imagem com pessoas (escultura). Eu retomava então o protagonista e repetia a consigna, solicitando uma CIT de como o grupo se encontrava no meio e no final do processo – no "aqui e agora". Para cada etapa (início – meio – final), a seqüência seguia sempre assim:

CIT → teste de percepção → escultura → comentários

Figura 6 – CIT do início do processo grupal. Pessoas isoladas e algumas díades

Figura 7 – CIT do meio do processo grupal. Cresce a integração, porém ainda encontramos pessoas isoladas e algumas díades

Figura 8 – CIT do final do processo grupal. Grupo integrado com configuração circular

Figura 9 – Construção de imagens com pessoas (escultura) do final do processo grupal. Réplica da CIT

Novos aportes no manejo da técnica da construção de imagens com tecidos

Sugestões de manejo 1

- Reescrever a sessão esquematicamente por meio de um desenho da imagem construída no final do atendimento ou ao longo da semana.
- Essa prática deve ser usada sistematicamente, preferencialmente na própria sessão. O cliente vai desenhando a imagem relembrando das passagens desde a fase pré-reflexiva, quando o afetivo-emocional estava mais presente, até a fase reflexiva e explicativa, quando atribuía significado a toda sua experiência (catarse de integração).

Sugestões de manejo 2

- Fotografar a imagem produzida com câmeras de revelação instantânea, ou solicitar ao próprio cliente que fotografe sua produção em vários ângulos, para depois rever a sessão. É a etapa de comentário do processo psicodramático.
- Esse registro poderá ser utilizado em sessões futuras para analogias com outros temas protagônicos, avaliação do desenvolvimento do cliente etc.

Sugestões de manejo 3

- Sugerir ao cliente a elaboração de texto sobre temas protagônicos trabalhados numa sessão.
- Na sessão seguinte, ler o texto produzido (aquecimento) e *recortar uma frase* para CIT (dramatização).
- A idéia é articular o conteúdo do texto, cuja produção privilegia o hemisfério cerebral esquerdo, com uma produção mais plástica, que privilegiaria o hemisfério cerebral direito. A estimulação dos dois hemisférios favorece o fluxo do pensamento, amplia o processo de comunicação e conseqüentemente incrementa a capacidade de telerrelação.

Sugestões de manejo 4

- Solicitar ao cliente que multiplique a imagem construindo tantas quanto queira, à medida que cada nova imagem construída tenha evocado/inspirado outras cenas.
- Este é um aporte no manejo que tenho utilizado com o objetivo de provocar o desbloqueio ou o desemperramento situacional decorrente de uma situação traumática pela qual o cliente passou, ou para facilitar a tomada de decisão de ações no contexto social.

- Trata-se da mesma lógica da multiplicação dramática em que incentivamos o cliente a atuar como "máquina" de produção e reprodução de cenas e sentidos (Kesselman, Pavlovsky, 1991). A multiplicação de imagens com tecidos é um dispositivo individual ou grupal que favorece o agenciamento de estados de espontaneidade/criatividade.
- A cada imagem construída solicitamos que o cliente elabore um título. Os títulos das imagens plasmadas são registrados e utilizados no processamento final.

Sugestões de manejo 5

- Utilizar massa de modelar para a elaboração de personagens e cenas do tema protagônico.
- Essa fase pode servir de aquecimento para a fase seguinte, que poderá:
  - ser de remontagem da cena e dramatização;
  - ou, a depender da cena elaborada, solicitar solilóquios dos personagens modelados.
- Recomendo a utilização deste recurso em fases mais avançadas da psicoterapia psicodramática, em que o processo de articulação dos significados já produzidos é mais intenso.

Conclusão

Tendo em vista o exposto, e as informações obtidas da base de dados coletados pela observação e percepção télica em acompanhamento clínico de clientes adolescentes e adultos em psicoterapia psicodramática, aliados à experiência com psicodrama aplicado em empresas, podemos tecer as seguintes considerações com relação ao efeito da utilização da técnica de construção de imagens com tecidos:

- O uso sistemático da CIT permite ao cliente conhecer e compreender rapidamente a forma como ordena sua experiência e sua dinâmica emocional, melhorando, ampliando e integrando a rede de significados fundamentais para sua organização ou reorganização interna.
- A CIT pode ser utilizada com adolescentes e adultos, porém, para se ter uma compreensão mais profunda (compreensão de tipo estrutural, e não simplesmente lógica) do que foi plasmado – essencial à tomada de consciência e à superação dos sintomas –, é necessário que o cliente tenha uma certa capacidade de abstração e simbolização. As pessoas que mais freqüentemente usam o pensamento concreto (hemisfério cerebral esquerdo) podem resistir ou evitar atender à solicitação de participar da CIT. Nestes casos, a CIT pode ser utilizada lateralmente para desenvolver a espontaneidade/criatividade e, conseqüentemente, a capacidade de abstração/simbolização.
- São inúmeras as possibilidades de manejo da CIT, desde que não se perca a perspectiva de utilização dos passos fundamentais: a *realização da imagem em si* e a *realização de solilóquios em cada elemento da imagem*. Nesse caso, o protagonista se coloca sucessivamente nas diferentes partes que configuram a imagem e, adotando a postura corporal correspondente, expressa desde essa parte o que pensa e sente. O efeito é sempre potencializado quando, no processo de elaboração das imagens, associamos às técnicas básicas do psicodrama: *os solilóquios, a inversão de papéis, o duplo* e *o espelho*. Não há catarse integrativa se o cliente só modificar os conteúdos de suas explicações enquanto permanece inalterada sua dinâmica emocional. Logo, as técnicas básicas do psicodrama são fundamentais para a convergência cognitiva-afetiva.
- A utilização sistemática da CIT permite observar com clareza que a ordenação da experiência e da dinâmica emocional

do cliente pode ocorrer de imediato ou progressivamente, em níveis cada vez mais profundos de compreensão. No último caso, a pessoa vai gradativamente construindo–desconstruindo–reconstruindo uma idéia de si mesma sobre um mesmo tema protagônico que vem e vai, até chegar à catarse de integração. Em cada patamar alcançado, a CIT é mais elaborada, e o cliente vai ampliando a rede de significados.

Referências bibliográficas

ALBUQUERQUE BRITO, V. C. "Psicodrama a dois". *Leituras 31*, Companhia do Teatro Espontâneo, São Paulo, out. 1999.

BLATNER, A. "As implicações do pós-modernismo para a psicoterapia". *Leituras 32*, Companhia do Teatro Espontâneo, São Paulo, jan. 2000.

CUKIER, R. *Psicodrama bipessoal, sua técnica, seu terapeuta e seu paciente.* São Paulo: Ágora, 1992.

DAMÁSIO, A. *O mistério da consciência.* São Paulo: Companhia das Letras, 1999.

DURAN, Álvaro. *Psicoterapia e construtivismo.* Conferência apresentada no I Congresso N-NE de Psicologia, Salvador, p. 4, mai. 1999.

GERGEN, K. J. *The saturated self: dilemmas of identity in contemporary life.* Nova York: Basic Books, 1999.

KESSELMAN; PAVLOVSKY. *A multiplicação dramática* São Paulo: Hucitec, 1991.

LIFTON, R. J. *The protean self: human resilience in an age of fragmentation.* Nova York: Basic Books, 1993.

MENEGAZZO et al. *Dicionário de psicodrama.* São Paulo: Ágora, 1995.

MORENO, J. L. *Psicodrama.* São Paulo: Cultrix, 1993, p. 25.

MOYANO, G.; ROJAS-BERMÚDEZ, J. *Construcción de imágenes en sicoterapia sicodramática.* Coletânea de textos. Sevilla: Centro de Sicodrama, ago.-set.1999.

ROJAS-BERMÚDEZ, J. *Que es el sicodrama? Teoria y prática.* Buenos Aires: Celcius, 1988.

_____. *Teoría y técnica psicodramáticas*. Buenos Aires: Paidós, 1997, p. 346.

ROJAS-BERMÚDEZ, J. G.; MOYANO, G. *Dream images and psychodramatic images*. Sevilla: Centro de Sicodrama, 1999.

SPRINGER, S. P.; DEUTSCH, G. *Cérebro esquerdo, cérebro direito*. São Paulo: Summus, 1998.

7

Os objetos intermediário e intra-intermediário na psicoterapia psicodramática infantil em um caso de transtorno global do desenvolvimento

Rosana Maria de Sousa Rebouças

Introdução

O objetivo deste capítulo é enfocar o uso do objeto intermediário e intra-intermediário na psicoterapia psicodramática infantil em um caso de transtorno global do desenvolvimento.

Historicamente, o conceito de objeto intermediário[1] (OI) e intra-intermediário[2] (OII) foi desenvolvido por Rojas-Bermúdez (1997, p. 158) quando trabalhava no Hospital Nacional T. J. Borda, de Buenos Aires. Nessa época, os pacientes psicóticos crônicos lhe chamaram a atenção pelo isolamento em decorrência da dificuldade de comunicação e da marginalização social, inclusive, não mantendo nenhum contato com suas famílias.

---

1. Winnicott (1975) fez uso do mesmo termo, substituindo-o depois por *objeto transicional* para definir uma experiência subjetiva localizada numa área entre a realidade externa (objeto real) e a realidade interna (psíquica) – que denominou de fenômenos transicionais. São, portanto, conceitos diferentes para o mesmo termo.
2. Termo atribuído em um seminário de grupo em Tucumán, Argentina.

Tendo utilizado vários recursos para conseguir a comunicação com tais pacientes sem obter resultados satisfatórios, recorreu ao teatro de títeres, manejado por profissionais, e observou que esse procedimento gerava respostas comunicacionais com êxito.

A partir de então, Bermúdez passou a utilizar os fantoches (títeres) como instrumento mediador da comunicação com aquele grupo e a pesquisar de que forma a intervenção possibilitava recuperar a comunicação interrompida, retirando-os do isolamento e passando a manter comunicação com seu entorno.

Introduziu o objeto intermediário (OI) em grupos de psicoterapia psicodramática no enquadre do psicodrama clássico com os referidos pacientes hospitalizados. No ano de 1966, publicou o livro *Títeres y sicodrama*, edição bilíngüe (espanhol e inglês), para o qual Moreno escreveu:

> [...] É para mim um extraordinário prazer fazer uma introdução a este volume de *Títeres y sicodrama* de J. Rojas-Bermúdez. Representa uma valiosa contribuição ao campo crucial do processo de aquecimento, especialmente em sua aplicação ao tratamento de psicóticos crônicos. (Moreno in Bermúdez, 1985)

O livro citado amplia a utilização do instrumento não apenas com pacientes psicóticos, mas com neuróticos, crianças e adolescentes em psicoterapia individual ou grupal.

Neste capítulo, torna-se necessário abordar a noção de desenvolvimento infantil que respalda meu trabalho: Moreno e Rojas-Bermúdez serão apresentados em sua complementaridade teórica, embora na minha prática eu utilize referenciais teóricos que preenchem lacunas sobre a compreensão desses pequeninos clientes. Considero Wallon, Vigotsky e a neuropsicologia russa aportes importantes, porém delimitarei, por meio do caso aqui abordado, apenas a contribuição bermudiana para o trabalho clínico com crianças.

O caso clínico aparece sob a forma de vinhetas a fim de ilustrar as articulações da prática com a teoria. Vale ressaltar ainda que os nomes são todos fictícios.

Desenvolvimento infantil: entrelace entre J. L. Moreno e Rojas-Bermúdez

O trabalho clínico com crianças é um desafio que interroga o psicoterapeuta e o conduz para além das fronteiras teóricas que fundamentam e norteiam seu trabalho.

A especificidade dessa clientela, que se encontra em fases diversas e peculiares do desenvolvimento humano, demanda do profissional outros conhecimentos, como: do desenvolvimento psicológico e psicomotor, de neuropsicologia (aspectos maturacionais do sistema nervoso), de teorias da evolução da inteligência e cognição, de psicopatologia infantil. A diversidade de mudanças sociais, as novas tecnologias, mudanças políticas e econômicas do mundo pós-moderno também impulsionam o psicoterapeuta de crianças a repensar a infância, o desenvolvimento infantil e seus conceitos fundamentais.

A atitude científica de Moreno (1993a, p. 98-100) diante dessa questão nos deixa confortáveis para ampliar o saber, agregando conhecimentos que iluminam suas concepções teóricas e possibilitam a compreensão da questão do desenvolvimento infantil:

> [...] A estrutura teórica de toda e qualquer ciência empírica necessita, de tempos em tempos, de uma revisão completa. Novas descobertas e, talvez ainda mais do que isso, novas dimensões de investigação, requerem e exigem novas hipóteses de apoio. Precisa-se, por exemplo, de uma teoria da personalidade, especialmente uma teoria do desenvolvimento infantil, que se harmonize melhor com as dimensões do estudo a que se dedica um número cada

vez maior de psicólogos da infância, psicólogos sociais, psicanalistas e psicoterapeutas. Eles ainda se baseiam em conceitos antiquados que não são suficientemente adequados para as novas situações [...].

O autor considerou unilaterais as posições das teorias do desenvolvimento infantil de sua época. Por um lado, a psicologia animal e os estudos e experimentos de Pavlov estabeleciam comparativos entre humanos e animais. Por outro, Moreno fez críticas à psicanálise, por estudar o desenvolvimento infantil partindo do estudo de adultos neuróticos. A primeira, com seu olhar evolucionista, primava pelo biológico; já a segunda enfocava os processos psicológicos superiores, priorizando a esfera mental, psíquica.

Para elucidar a questão, Moreno (1993a, p. 99-100) faz uma proposta teórica para o desenvolvimento infantil: a de compreendê-lo usando a teoria da espontaneidade e criatividade.

> [...] é pertinente encarar sistematicamente o bebê humano desde a plataforma dos mais elevados exemplos concretos de expressão e realização humanas – referimo-nos aqui, literalmente, aos gênios da raça – interpretando-os como gênios em potencial. Pressupomos aqui que nos gênios da raça certas capacidades e aptidões básicas, latentes, comuns a todos os homens, encontram a sua mais dramática expressão. Sua natural e contínua espontaneidade e criatividade, não só em raros momentos mas, como expressão cotidiana, fornece-nos indícios para compreender a criança [...] O que está no âmago da sua apaixonada existência deve ser a coisa mais positiva e substancial que está latente em toda e qualquer criança pequena.

Moreno (1993a, p. 101) conceituou espontaneidade criadora, ou *fator e*, como "resposta do indivíduo a uma nova situação – e à nova resposta a uma antiga situação". E ainda, referindo-se ao recém-nascido: "[...] é um fator que o habilita a superar-se a si mesmo, a entrar em novas situações como se carregasse o organismo, estimulando e excitando todos os seus órgãos para modificar suas estruturas a fim de que possam enfrentar as suas responsabilidades".

Destacou aí que o *fator e* não é inato, estritamente hereditário, biológico, nem apenas um fator sócio-ambiental. Existe, segundo ele, uma área independente entre os fatores biológicos (genes) e as forças sociais (tele[3]) onde topograficamente estaria localizado o *fator e*, lugar em que se originam novas respostas a situações novas e antigas, possibilitando o desenvolvimento do bebê.

Em uma nota de rodapé, Moreno (1993a, p. 134) se refere à organização da pessoa humana como a resultante da combinação entre as forças hereditárias (genes), as sociais e as ambientais. Nessa nota, coloca que o investigador psicodramático deve buscar o estudo do desenvolvimento infantil partindo do nascimento, estudando-o como processo vital em progressão.

O autor destaca ainda a importância de saber sobre o átomo social[4] do bebê, como interatuam os indivíduos com o bebê humano e vice-versa, e esses indivíduos entre si. Esse aspecto torna-se relevante para o estudo do desenvolvimento infantil (Moreno, 1993a, p. 99), pois é aí que circula o fator tele, configurando a qualidade dos vínculos em torno do bebê e com o

---

3. "Tele, do grego 'distante, indivíduos agindo a distância', foi definido como uma ligação elementar que pode existir tanto entre indivíduos como também entre indivíduos e objetos e que no homem, progressivamente, desde o nascimento, desenvolve um sentido nas relações interpessoais (sociais). O tele pode, assim, ser considerado como o fundamento de todas as relações interpessoais sadias. [...] Repousa no sentimento e conhecimento da situação real das outras pessoas" (Moreno, 1993b, p. 45-6)

4. "[...] núcleo de todos os indivíduos com quem uma pessoa está relacionada emocionalmente ou que, ao mesmo tempo, estão relacionadas com ela. É o núcleo mínimo de um padrão interpessoal emocionalmente acentuado no universo social" (Moreno, 1993a, p. 239).

bebê, formando o átomo social no qual cada indivíduo assume uma posição concreta.

O bebê humano é o único filhote da espécie animal que precisa de ajuda mais prolongada para sua sobrevivência; comparado com outras espécies, é um embrião, que demanda cuidados essenciais do outro a fim de que se desenvolva. Para Moreno (1993a, p. 100), considerando que, ao nascer, o cérebro e os centros cerebrais do bebê ainda estão inacabados, sua sobrevivência é quase um milagre – milagre que podemos atribuir à complementaridade, aos vínculos estabelecidos no seu entorno com seus primeiros egos-auxiliares, em especial com a sua mãe ou cuidador.

Quando o bebê humano nasce, ele desembarca no mundo sociocultural – um mundo de signos – portando uma bagagem genética, uma carga hereditária tirânica que lhe permite interagir inicialmente com o mundo.

É interessante a posição do biólogo e etólogo inglês R. Dawkins (2001): baseado na teoria da evolução, ele defende a idéia de que a seleção natural favorece a evolução e preservação do gene, estrutura tirânica que conduz o animal a comportar-se como se estivesse seguindo um conjunto de instruções, mantendo as estratégias de sucesso por meio da seleção natural.

O corpo, máquinas de sobrevivência, veículos-robôs (Dawkins) programados pelos replicadores cegos e egoístas (genes) que são frustrados pelo homem, único animal que faz o que nenhuma outra espécie jamais intentou fazer. Dominado de maneira singular pela cultura (o que ele chamou de memes), torna-se animal semiótico, seu cérebro se especializa e é até mesmo capaz de desafiar os memes de sua aprendizagem.

Vigotsky, psicólogo russo que iniciou suas pesquisas na mesma época em que Moreno, por volta de 1917, escreveu a seguinte afirmação em *A formação social da mente* (1998, p. 61), coletânea de ensaios escritos por volta de 1930-33, com publicação póstuma, editado por um grupo de estudiosos de sua obra:

Podem-se distinguir, dentro de um processo geral do desenvolvimento, duas linhas qualitativamente diferentes de desenvolvimento, diferindo quanto à sua origem: de um lado, os processos elementares de origem biológica; de outro, as funções psicológicas superiores de origem sociocultural. A história do comportamento da criança nasce do entrelaçamento destas duas linhas.

Aleksander Romanovich Luria (1981), neuropsicólogo russo, contemporâneo e companheiro de pesquisas de Vigotsky, dedicou-se durante quarenta anos a estudos sobre o cérebro. Baseando-se em pacientes com lesões cerebrais, trouxe valiosa contribuição para a neurologia e psicologia clássicas, dando origem assim à neuropsicologia.

Luria concebeu a formação do cérebro humano partindo do princípio de que o desenvolvimento cerebral ocorre na presença de agentes de mediação. Ou seja, o animal humano nasce com o cérebro imaturo, apenas com alguns reflexos em funcionamento, e a maturação dos demais processos cerebrais acontece com a ajuda do meio externo, sob a mediação dos vínculos, na rede relacional em que o bebê está envolvido.

Vitor da Fonseca (1995, p. 50) destaca essa posição referindo-se ao modelo cerebral luriano:

> [...] sem essa influência determinante, de onde ocorre a mediação e a ontogênese da linguagem, a criança não desenvolve seu cérebro, nas suas funções psíquicas superiores. Sem essas funções, não se pode apropriar da história humana, e por isso não organiza seu comportamento nem o seu cérebro, podendo mesmo vir a comportar-se como uma criança-lobo.

O conceito de desenvolvimento infantil não pode ser concebido de forma linear; podemos entendê-lo, sim, com base na articulação entre o biológico (hereditariedade) e o sociocultural (as forças tele). Isso significa que o biológico é subvertido pela ordem da cultura, processo que possibilita à espécie humana ultrapassar a barreira da simples sensibilidade animal, tornando-se animal semiótico, espontâneo-criador.

O psiquiatra e psicodramatista Jaime G. Rojas-Bermúdez amplia a visão de Moreno, contribui e compreende o desenvolvimento humano seguindo essa mesma direção pela teoria do núcleo do eu – a estruturação básica da personalidade. A construção dessa teoria fundamenta-se em idéias de muitos autores e diversos estudos, que originaram articulações e formulações teóricas próprias – na vasta bibliografia de seu livro *Teoría y técnicas psicodramáticas* (1997), são cerca de quatrocentas as referências arroladas.

A idéia de desenvolvimento humano assenta-se sobre o princípio fundamental das diferentes interações do indivíduo com seu meio.

Rojas-Bermúdez destaca dois pontos da teoria moreniana relevantes para a compreensão do desenvolvimento humano uma delas é o conceito de papel psicossomático[5], outra é o conceito de zona.[6] Este último, no sentido sociométrico, revela a dinâmica dos processos evolutivos, ou seja, enfoca o bebê humano em interação no sistema relacional em que está envolvido (com a mãe e/ou os cuidadores) num contexto sociocultural. Esse conceito sugere a idéia de complementaridade do tipo bebê–cuidador, ou seja, formas complementares responsáveis pelas experiên-

---

5. "[...] papéis ligados a funções fisiológicas indispensáveis relacionadas com o meio: comer, dormir, defecar etc. Nesses casos, é no exercício da função que se vão manifestando os papéis e, através deles, o organismo. Os papéis psicossomáticos são o elo entre o ambiente e o indivíduo; constituem-se tutores sobre os quais o eu vai se desenvolver" (Rojas-Bermúdez, 1984, p. 60).

6. "Em psicodrama chama-se zona o conjunto de elementos próprios e alheios, atuantes e presentes, que intervêm no exercício de uma função indispensável" (Rojas-Bermúdez, 1984, p. 62).

cias evolutivas. Por um lado, considerou **que** elementos poderiam estar envolvidos nessa complementaridade e, por outro, **como** eles estariam envolvidos nessa interação.

Que elementos? São elementos geneticamente programados no bebê e no cuidador, tomando como exemplo o processo de amamentação, geneticamente programada tanto no bebê quanto na mãe. Os reflexos de sucção, o choro que comunica a sensação de fome, o sistema de produção do leite nas glândulas mamárias, para nutrir a criança, o seio produtor de leite e o mamilo, anatomicamente adequado para ser sugado, constituem elementos geneticamente programados – estrutura genética programada interna (EGPI) e estrutura genética programada externa (EGPE) (Rojas-Bermúdez, 1997, p. 343).

Como esses elementos interagem? Esse é o diferencial da espécie: o vínculo nessa interação transcende o que se inscreve no gene e, por meio da complementaridade que acontece de forma subjetiva (sócio-afetiva), torna o homem um animal semiótico.

A qualidade do processo relacional entre a díade mãe–bebê, o diálogo tônico estabelecido durante os cuidados maternos, o estado emocional da mãe, o clima afetivo do ambiente conferem um tom de singularidade a essa relação e ao desenvolvimento do bebê.

Bermúdez (1997, p. 362) considera que o psiquismo emerge das interações entre o indivíduo e seu meio:

> Ao considerar a existência de estruturas genéticas complementares tanto no indivíduo como em seu ambiente, imprescindíveis para sua sobrevivência e, obviamente, para seu desenvolvimento psíquico, estou expondo um modelo de compreensão do psiquismo no qual se integram os aspectos genéticos e ambientais em torno de uma série de experiências que ocorrem ao exercer certas funções fisiológicas indispensáveis e que são registradas no SNC [sistema nervoso central].

Os registros emergentes da interação entre EGPI e EGPE surgem pela estruturação dos papéis psicossomáticos ou modelos de ingeridor, defecador e urinador, considerados estruturas indispensáveis para a sobrevivência a partir das funções de ingestão, defecação e micção (aprofundada no capítulo 3 deste livro). Bermúdez chamou a estes registros de marcas mnêmicas[7]:

> [...] o registro destas interações, que denomino de marca mnêmica, corresponderia ao produto das experiências ocorridas, querendo significar com isso que tais registros, se bem dependem da complementaridade das estruturas, diferem delas por tratar-se de uma resultante experiência. Portanto, cada marca mnêmica vai apresentar características particulares para cada indivíduo. (Rojas-Bermúdez, 1997, p. 343)

Estas marcas, registradas no sistema nervoso central (SNC), integram uma espécie de *marca-passo fisiológico* denominado núcleo do eu. De acordo com Bermúdez, portanto, o psiquismo é uma função do SNC, e para que se manifeste é necessário certo grau de organização do sistema nervoso, que vai sendo alcançado progressivamente, como resultado da experiência relacional do indivíduo com seu entorno.

Finalizando, o bebê nasce e ainda não está pronto, seu sistema nervoso funciona segundo a programação genética da espécie, ainda imerso no mundo dos reflexos (ação subcortical). Seus primeiros vínculos (mãe e/ou cuidadores) são a via principal para o processo de desenvolvimento do sistema nervoso, desenvolvendo o córtex cerebral e, em particular, os córtices lobos frontais e pré-frontais, marcando assim o diferencial da espécie:

---

7. Freud utilizou o termo com outro sentido: marca ou símbolo mnêmico, "[...] expressão muitas vezes utilizada nos primeiros escritos de Freud para qualificar o sintoma histérico" (Lapanche, Pontalis, 1979, p. 631).

ser homem espontâneo-criador, um ser em relação, intérprete de papéis sociais dotados de elementos da cultura que lhe garantem a vinculação com o outro no mundo.

O que é o transtorno global do desenvolvimento?

O *Dicionário Aurélio* (1986, p. 1703) define transtorno como desarranjo, desordem; derivado da palavra transtornar (de trans + tornar), alterar a ordem; desorganizar.

Como foi visto, o desenvolvimento infantil acontece de acordo com a complementaridade bebê–ambiente sociocultural, no qual se inserem em particular as relações com os cuidadores, especialmente a mãe. Se não existem falhas na maquinaria corporal – termo utilizado por Damásio (1996) –, a "falha" localiza-se nessas relações primordiais. Significa dizer que algum desarranjo ou desordem ocorreu durante os primeiros anos de vida, especificamente nos dois primeiros anos, quando o núcleo do Eu[8] está se estruturando. Neste capítulo, interessa-nos os casos nos quais não houve achados orgânicos de nenhuma espécie.

De acordo com o *DSM IV*, os *transtornos invasivos do desenvolvimento*, em que se inclui o autismo infantil, caracterizam-se por prejuízo severo e invasivo em diversas áreas do desenvolvimento, tais como: nas habilidades da interação social, nas habilidades de comunicação, nos comportamentos, nos interesses e atividades. Os prejuízos qualitativos que definem essas condições representam um desvio acentuado em relação ao nível de desenvolvimento ou idade mental do indivíduo. Essa seção do

---

8. "O núcleo do eu é um esquema teórico, genético e estrutural que integra os fatores biológicos, psicológicos e sociais que intervêm no processo de individualização do ser humano" (Rojas-Bermúdez, 1997, p. 346). Vide descrição teórica com mais informações no capítulo 3.

DSM IV inclui o transtorno autista, transtorno de Rett, transtorno desintegrativo da infância e o transtorno de Asperger. De maneira mais ou menos comum, esses transtornos se manifestam nos primeiros anos de vida e, freqüentemente, estão associados com algum grau de retardo mental. Os transtornos invasivos do desenvolvimento são observados, por vezes, juntamente com um grupo de várias outras condições médicas gerais, a exemplo de outras anormalidades cromossômicas, com infecções congênitas e com anormalidades estruturais do sistema nervoso central.

Embora termos como "psicose" e "esquizofrenia da infância" já tenham sido usados no passado em alusão a indivíduos com essas condições, evidências consideráveis sugerem que os transtornos invasivos do desenvolvimento são distintos da esquizofrenia. Entretanto, um indivíduo com transtorno invasivo do desenvolvimento ocasionalmente pode, mais tarde, desenvolver também a esquizofrenia.

Rustin (2000, p. 9), psicanalista inglesa, refere-se a essas crianças como:

> profundamente retraídas, imersas em um mundo particular, ilusório. O extremo sofrimento psicológico característico de sua vivência pode oprimi-las facilmente – o terror, a confusão, o pânico [...]. Ao tentar aliviar seu sofrimento mental, às vezes precisam infligir sua ansiedade a outros, comportando-se, muitas vezes, de modo bizarro para proteger-se de estados insuportáveis de tensão. Quando essas medidas defensivas excluem ou confundem os adultos que tentam cuidá-las ou educá-las, as conseqüências podem ser devastadoras. Famílias, professores, e outros, que têm contato próximo, ficam frustrados, perturbados, e extremamente ansiosos. Por baixo das emoções conscientes, as pessoas afetadas pelo distúrbio da criança tendem, por sua vez, a ficar enraivecidas, aterrorizadas e perturbadas com sua própria resposta emo-

cional, pois essas crianças não respondem de maneira compreensível às demandas comuns da vida e desnorteiam os que estão à sua volta.

As crianças portadoras desse transtorno apresentam esquema de papéis empobrecido e desempenho de papéis sociais deficitário. Requerem sempre de seus contrapapéis pautas de comportamento que atendam às suas demandas específicas e socialmente incomuns, o que torna suas habilidades de interação social inadequadas, necessitando sempre de assessoramento.

De uma visão socionômica, podemos visualizar o bebê, em sua matriz de identidade[9], inserto numa família com uma configuração sociométrica própria, um clima afetivo específico, mitos, segredos e heranças transgeracionais em que a díade fundamental mãe–bebê estará imersa. É aí que a organização psíquica acontece. A desordem pode ser atribuída a fatores sócio-afetivos diversos que tornam a complementaridade vincular deficitária de tal forma que desorganiza o desenvolvimento integral do sujeito.

Caso clínico: a história de Anne

Anne é a segunda filha de um casal de profissionais liberais, bastante envolvidos com a profissão e os cuidados com os filhos. Existia um clima de tensão familiar durante o nascimento de Anne que impediu sua mãe de exercer a maternidade com liberdade por um prolongado período e que não favorecia a relação mãe–bebê. A amamentação não foi bem-sucedida do ponto de vista psicológico; durou quatro meses, quando sua mãe

---

9. "A matriz de identidade é a placenta social da criança, o locus em que ela mergulha suas raízes" (Moreno, 1993a, p. 114).

engravidou novamente. Com o nascimento da irmã caçula, Anne pareceu apresentar uma "involução": deixou de falar pequenas palavras, chorava muito por longos períodos e apresentava sono bastante perturbado. Estranhava as pessoas desconhecidas, entrava em pânico diante delas e de situações inusitadas e desconhecidas.

Seu desenvolvimento psicomotor revelou atraso na marcha (1 ano e 3 meses) e na fala (3 anos), e havia também prejuízo na interação social, pois Anne recusava-se a interagir com pessoas desconhecidas.

Aos 8 anos ainda não havia conseguido iniciar-se na leitura e na escrita, o vocabulário era pobre, a pronúncia de algumas palavras ainda era ininteligível para o interlocutor; era aluna inclusiva de uma escola regular e freqüentava uma classe da segunda série. Permanecia o medo de situações desconhecidas, de cinema, teatro, palhaço e lugares com muitas pessoas, como festas de forma geral. Tinha frágil tolerância à frustração; quando contrariada, reagia de forma impulsiva, chutando o que estivesse ao alcance, jogando-se no chão, gritando e chorando alto. Por outro lado, os pais a descreveram como uma criança doce e carinhosa que demonstrava amor pelos familiares próximos. Seus companheiros de brincadeiras eram as crianças menores com cerca de 3 e 4 anos.

Anne havia sido encaminhada a uma psicóloga aos 3 anos, porém o tratamento não teve continuidade, prosseguiu com acompanhamento psicopedagógico e fonoaudiológico.

Chegou ao meu consultório para avaliação psicológica encaminhada pela neuropediatra. Estava com 8 anos e sendo submetida a uma reavaliação neurológica e seus respectivos exames – triagem para erros no metabolismo, EEG, X-Frágil e ressonância magnética do cérebro, os quais mostraram-se normais. Após avaliação neurológica e psicológica, chegou-se ao diagnóstico de transtorno global do desenvolvimento.

Anne, o objeto intermediário, intra-intermediário e o jogo de papéis

Atendi Anne por três anos em sessões individuais duas vezes por semana, com pausas de um mês para as férias de verão e quinze dias para o recesso junino.

A primeira impressão que tive de Anne foi na sala de espera – sentada, ao lado da mãe, quieta com uma boneca (um bebê) no colo, pareceu-me uma menina bem comportada, tímida e retraída. Entrou na sala de atendimento, a mãe apresentou-me a ela e depois voltou para a sala de espera. Anne ficou apreensiva, porém assegurei-lhe que poderia abrir a porta quando quisesse para ver a mãe e até mesmo para sair, e ela então se despediu um tanto temerosa. Sentou em uma poltrona, sentei em frente a ela, próximo ao tablado. Seu olhar perdido parecia não me ver. Após algumas tentativas de contato, respondia com um discurso desconexo e sem sentido: "Meu pai comeu macarrão... amanhã eu vou na escola... Helen está com alergia..."

O vocabulário era limitado, não acompanhado de expressões faciais e gestos (metalinguagem), o contato olho a olho era superficial, às vezes parecia alheia, permanecia quieta com sua boneca no colo, o olhar perdido vagueava dando-me a sensação de não estar sendo vista por ela.

Perguntei sobre sua boneca, e ela me respondeu evasivamente e se calou: "Ela tá doente, foi para o hospital tirar sangue..."

Percebi que ela estava me vendo, mas o contato comigo poderia ser tenso. Fui então até a caixa de brinquedos, peguei um fantoche de papel maché (uma menina) e usei-o para conversar com a boneca. Só a partir daí a comunicação se iniciou, meu fantoche conversando com a boneca-bebê, que me foi apresentada como Lili. Por intermédio dela, Anne me contava, em frases curtas, sobre a escola, sobre sua casa, sobre o medo de palhaço e de aniversários:

A: Lili tem medo de palhaço...
T: Ele assusta?
A: Lili tem medo...
A: Lili vai pro médico tirar sangue, vai chorar...
T: Lili está doente?
A: Ela tem alergia... tá com febre... vai ficar internada no hospital...

Anne me falava sobre seus medos e, provavelmente, estar diante de mim, uma desconhecida, também poderia estar lhe causando medo. No entanto, quando introduzi o fantoche, ela mudou sua atitude: falava com ele fitando firmemente seus olhinhos, fazendo parecer uma experiência prazerosa, interagindo com liberdade, como se falasse com uma pessoa real.

Após essa interação, perguntou-me:

A: É de verdade?
T: Não, é um fantoche, uma boneca...
A: Lili também é boneco, não é de verdade... Por que não é de verdade?
T: Ela não é uma pessoa como você, não come, não fala, não anda, não pensa... Você que fala fazendo de conta que é Lili, quem fala é você.

Depois repetiu as mesmas perguntas sobre o fantoche que estava comigo. A princípio, teve medo de tocá-lo quando por mim movimentado, retraiu-se, mas depois interagiu por meio de Lili.

A: A gente não é gente, é boneco, sabia?

Na saída, apertou timidamente a mão do fantoche, alisou sua cabeça e disse:

A: Anne volta, tá?
T (pelo fantoche): Tchau! Estarei te esperando. Gostei de conhecer você.

O fantoche utilizado como objeto intermediário diminuiu a tensão do contato comigo e a comunicação pôde ser estabelecida de forma mais relaxada, continuando pelas sessões seguintes. Rojas-Bermúdez (1997, p. 158-69) empregou o termo objeto intermediário (do latim, *objectus*) no sentido de uma coisa concreta que existe fora do sujeito, real, palpável e material, que ao ser instrumentalizado em contexto adequado serve como mediação para o estabelecimento da comunicação entre duas ou mais pessoas.

Segundo Bermúdez, nesse tipo de transtorno, o si-mesmo psicológico[10] se expande diante de situações tensas, e a tendência é que a criança se retraia e a comunicação se interrompa. Acontece, como afirma o autor, que a comunicação natural (expressões da face, sorriso, tom de voz etc.), formas posturais geneticamente programadas na espécie (EGPI), complementares da comunicação verbal, foge ao controle egóico. E são as expressões emitidas pelo corpo e particularmente pelo rosto que suscitam resposta no outro, são as estruturas genéticas programadas externas (EGPEs), complementares, necessárias à vida em sociedade. Para esses pequenos pacientes, a comunicação natural, emitida pelo outro, pode converter-se em sofrimento, uma vez que as decodificam de forma distorcida.

A comunicação natural se perturba e a presença do outro torna-se uma fonte produtora de vivências distorcidas e extravagantes, fruto de uma decodificação patológica. (Bermúdez, 1997, p. 161)

---

10. "[...] a instância psíquica correspondente ao sistema exteroceptivo e à sua estreita inter-relação com o sistema neurovegetativo. A interação destes dois sistemas constitui a base anatomofisiológica do si-mesmo psicológico. Esta particular inter-relação determina que certos estímulos, por suas peculiaridades ou por sua intensidade, dêem lugar a sensações experimentadas como de compromisso orgânico total, devido à participação neurovegetativa envolvida (taquicardia, palidez, sudorese, extremidades frias etc.). Estas sensações experimentadas em nível fisiológico recebem o nome de emoções" (Bermúdez, 1984, p. 123).

Caso não haja intervenção psicoterapêutica, esses pacientes podem descartar o contato humano e acabar se isolando (ensimesmamento) como forma de evitar tais experiências desagradáveis. O títere, em especial, é um rosto inerte, cuja expressão invariável não transmite estímulos comunicacionais como o rosto humano. O objeto intermediário (OI) é um recurso técnico que ultrapassa a barreira do si-mesmo psicológico e tem como objetivo terapêutico estabelecer a comunicação.

No caso em enfoque, o fantoche foi o mediador para que a interação comigo se estabelecesse (vínculo terapêutico) de forma continente para seus conteúdos ansiógenos diante da confusão entre a realidade e a fantasia, entre sua confusão emocional e o real.

A figura 1 mostra o OI como ponte que trouxe Anne para o contato com o outro (vínculo terapêutico).

Após o primeiro contato com Anne, foi possível proceder à avaliação psicológica (psicodiagnóstico infantil), utilizando entrevistas com os pais e instrumentos próprios da psicologia (técnicas projetivas). Finalizada essa etapa, com algumas entrevistas devolutivas com os pais, chegaram as férias de verão e Anne se afastou por um mês.

Ao retornar, lembrou-se da caixa de fantoches, escolheu uma menina a quem deu o nome de Juliana, pegou também um fantoche vovô e começou a primeira cena, na qual trouxe um aspecto de sua personalidade por intermédio do OI.

Anne, com o fantoche vovô, brigava com Juliana:

A: *Que coisa feia! Fazendo bobagem, não quer lavar a cabeça!*

Complementei o papel, usando o fantoche Juliana, que chorava e gritava com medo do banho e de lavar a cabeça. Ela continuou com o fantoche vovô a dizer a Juliana que não deveria fazer isso, que deveria tomar banho. Parecia uma imitação da cena da vida real, das falas dos adultos de seu meio.

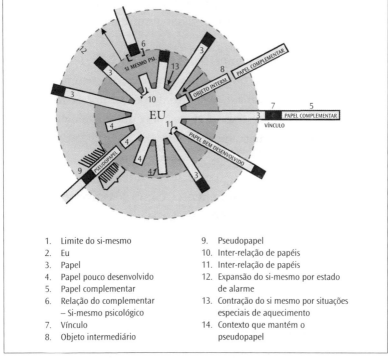

Figura 1 – Esquema de papéis
Fonte: Rojas-Bermúdez, 1985, p.182.

Sugeri a troca de fantoche e invertemos os papéis. Anne então repetiu a cena fazendo um escândalo na hora do banho, e eu interagindo com o fantoche vovô, da mesma forma como ela mostrara anteriormente.

A (com o fantoche Juliana): Tem jacaré no banho... (fazendo voz de choro)

Nova inversão.

A (por intermédio do vovô): Não tem jacaré nenhum... Que coisa feia!!!

Algumas sessões prosseguiram com a mesma cena, invertendo papéis. Ao final de uma sessão, Anne me perguntou:

A: Por que ela não tem pé? *(referindo-se ao fantoche)*
T: Porque ela é um boneco, um fantoche, não tem pé porque a gente precisa colocar a mão dentro dessa abertura. Se não ela não se movimenta, fica parada. Faz de conta que ela tem pé. A gente é que fala e movimenta por ela, veja...

Olhava atentamente o fantoche se movimentando em minha mão, com certo encantamento, como se estivesse tentando discriminar aspectos entre fantasia e realidade que se apresentavam confusos para ela.

A partir daí, o fantoche passou a funcionar como objeto intra-intermediário (OII), sendo utilizado por Anne para representar situações conflitivas que lhe desencadeavam um estado emocional de alarme (medo e muitas vezes pânico): cenas em que não conseguia entrar no cinema ou permanecer em lugares com muitas pessoas, como aniversários – principalmente quando havia palhaços e animadores com vestimentas alegóricas. Eu entrei então como ego-auxilar, em papéis complementares com outros fantoches estabelecidos por ela.

Bermúdez (1985, p. 121) define objeto intra-intermediário como "um catalisador egóico que dá lugar à aparição de um material bloqueado, por um estado de alarme produzido pela dilatação do si-mesmo psicológico ou por situações conflitivas prévias, reativadas no aqui e agora".

Cena do medo de aniversário:

A: Vamos brincar de aniversário de Juliana?
T: Sim, vamos...

Em um processo de co-criação dramática, ajudei-a a arrumar o cenário no tablado – palco acarpetado, retangular, de 2 m por 3 m, com 20 cm de altura –, utilizando objetos da sala (almofadas, cadeiras etc.) e seguindo suas idéias.

Depois de tudo pronto, aparecem os palhaços (fantoches), manuseados por ela, fazendo brincadeiras e animando a festa. O desempenho do papel é pobre, e rapidamente lhe causa certa ansiedade.

Anne, então no papel do fantoche Juliana, dá um escândalo, grita, quer ir embora do aniversário, chora e diz que tem medo dos palhaços e da hora em que o "Parabéns pra você" é cantado.

De fora da cena, dirige-se a mim:

A: Olhe que menina boba!
A (dirigindo-se ao fantoche Juliana): Não chore, veja que eu não choro, não tenha medo, palhaço é gente vestida de palhaço! Que bobagem!!! Eu não choro, vejo o palhaço e não tenho medo, e você é boba, parece um bebê.

E a cena do aniversário se repetiu por muitas outras sessões, como também a cena do medo de ir ao cinema, ao teatro, a passeios da escola. Essas repetições buscavam um sentido para ela, e seu intenso envolvimento parecia me dizer: eu quero crescer!

Com o fantoche (OII) jogava o próprio papel em cenas muito tensas de sua vida real. Vivências emocionais demasiado intensas a dominavam e impediam sua participação naquelas atividades.

Como exemplo, uma cena trazida por ela, que começa no cinema de um shopping da cidade onde Juliana, já na bilheteria, começou a chorar com medo:

A (com o fantoche, choramingando): Quero ir embora, tenho medo...
A (dirigindo-se ao fantoche): Não tem nada, olhe aí, eu vou, não tenho medo.

Eu entrei na cena fazendo o papel de uma colega da escola: compraram pipoca e sentaram-se nas poltronas (dessa vez,

Anne usou todo o espaço da sala e organizou um cinema, pedindo-me que apagasse as luzes). Nessa hora, Juliana (fantoche) chorou querendo ir embora.

A: Juliana!!! Não tenha medo.
T (no papel de colega): Calma, Juliana!!!
A: Não tem nada, é só um filme! Não é de verdade, não vai te pegar! Quer ir embora?
A: Vou ter de levar ela para casa, depois eu volto.

Retornou e depois disse:

A: Juliana perdeu o filme... ficou lá sozinha...

Rojas-Bermúdez (1997, p. 165) esclarece que a utilização do objeto intra-intermediário introduz uma nova variável: por um lado, volta a atenção para o fantoche e, por outro, volta a atenção para si mesmo – a vigilância egóica sobre a produção verbal diminui, e os conteúdos conflitivos emergem de forma espontânea, pessoal.

Os dois fragmentos de sessão, enfocados como exemplo, fazem parte de um conjunto de cenas, jogo de faz-de-conta, em que Anne pôde vivenciar, mediada por um fantoche, situações nas quais o ambiente lhe parecia assustador. As imagens do cinema e dos personagens fantasiados eram percebidas por ela de forma distorcida, invasiva, de maneira que lhe causava vivências aterradoras (estados de alarme). O fantoche funcionou então como um protetor egóico (Rojas-Bermúdez, 1997, p. 162-3).

Anne levava o fantoche (Juliana) para casa e o trazia a cada sessão – foi um pedido seu com o qual concordei. Entendi que ela depositava sobre o OI aspectos do próprio *self* que não conseguia entender, pois, segundo sua mãe, após apresentar comportamentos impulsivos ou bizarros, advindos de muita tensão interna (ansiedade), a menina pedia desculpas. Anne parecia ter algum juízo crítico sobre as experiências emocionais que não conseguia entender e que a dominavam.

Nas cenas representadas por ela com o fantoche, ocorria o jogo de papéis, o *role playing*. Sempre que possível, eram realizadas também intervenções (pela inversão de papéis), representando-se situações idênticas às da vida real, as vivências em *role taking* – segundo Moreno (1989, p. 185), papéis cristalizados, já estabelecidos, que não permitem ao indivíduo liberdade de variação, isto é, quando não se conhece outra forma de resposta.

O fantoche era também levado na mochila escolar, no carro, quando iam a algum aniversário, e Anne justificava o motivo para a mãe:

– Ela chora na escola, se joga no chão, é boba, eu não faço isso, sou grande!!!
– Ela tem medo de tomar banho, eu não tenho medo!!!
– Juliana tem medo de aniversário... de palhaço...

Rojas-Bermúdez (1984, p. 156) explica:

[...] trabalhando com o objeto intra-intermediário, deposita neste as sombras ou os registros egóicos aprendidos, carregando o objeto intermediário de conteúdos próprios.
A criação ou a recriação realizada com o objeto intra-intermediário é objetivada chegando ao eu e ao núcleo do eu. Do ponto de vista neurofisiológico, o hemisfério esquerdo do cérebro, por intermédio de símbolos, concretiza uma imagem externa, objetivável, objeto intra-intermediário, que é devolvida ao hemisfério direito para produzir novas imagens, recriar vínculos e revisar registros biográficos.

Juliana foi a depositária de seus aspectos mais sombrios e desvinculantes; por meio dela, entrou em contato com seu eu, com o temido trânsito entre a realidade e a fantasia.

Faltam às crianças portadoras desse transtorno recursos para compreender dados sensoriais e emoções que lhes acontecem e adequá-los ao pensamento simbólico. Assim, a experiência emocional não compreendida passa a constituir uma atuação socialmente inadequada, de acordo com Dubinsky (in Rustin, 2000, p. 13-34).

Após três meses, Anne trouxe o fantoche de volta e o deixou na caixa, afirmando que não o levaria de volta. A partir de então, começou a jogar papéis, diversos personagens de novelas, pessoas de sua família, colegas da escola, professora, com enredo próprio, oriundos de seu universo subjetivo, que, confuso, parecia querer se organizar.

Os objetos intermediário e intra-intermediário possibilitaram a comunicação terapêutica e de vivências conflitivas, e a protagonista pôde ser autora e observadora de sua própria produção, permitindo sua organização interna.

A visão de Vigotsky sobre o conceito de signo auxiliar, zona de desenvolvimento real e zona de desenvolvimento proximal ilumina a compreensão do que aconteceu com a pequena Anne. Para ele, zona de desenvolvimento real é "o nível de desenvolvimento das funções mentais da criança que se estabeleceram como resultado de certos ciclos do desenvolvimento já completados" (1998, p. 110-3). Já a zona de desenvolvimento proximal "define aquelas funções que ainda não amadureceram, mas que estão ainda em processo de maturação, funções que amadurecerão, mas que estão presentemente em estado embrionário".

Isso implica dizer que o nível de desenvolvimento real trata-se daquilo que a criança já sabe fazer sozinha com base no desenvolvimento processado até aquele momento. Anne, por exemplo, ao iniciar o tratamento, apresentava formas conservadas de comportamentos (conforme já foram descritas). Com a ajuda do signo auxiliar (OI e OII), forma artificial de mediação externa que possibilita a construção interna de um processo mental ou psicológico, ela pôde viver cenas temidas com liberdade, mediada pelo fantoche que apresentava seus comportamentos cristalizados. Trabalhando na zona de desenvolvimento proximal, aquilo que não conseguia fazer por si mesma o fez mediante auxílio externo, e dentro dela posteriormente estabeleceram-se novas pautas de comportamento.

Passou a viver com liberdade, na cena, tudo aquilo que na vida real não conseguia fazer, embora internamente já houvesse condições para isso – condições que o jogo de papéis mediado pelo OII (signo auxiliar) lhe possibilitou organizar.

O jogo de papéis com o fantoche (OII) deu lugar então ao jogo de papéis face a face: Anne representava Juliana e me doava os contrapapéis nas diversas cenas temidas, permitindo a intervenção com o uso da técnica de inversão de papéis. O processo psicoterapêutico evoluiu, desempenhou novos papéis, personagens e cenas carregados de sentido simbólico – professora, coordenadora da escola, diretora, personagens de novela, a mãe, o pai, irmãos, colegas da classe escolar, personagens de desenho animado, médico etc. Começou aí uma nova fase no processo psicodramático de Anne, época em que se iniciou na leitura e na escrita, estruturou melhor a linguagem, o discurso ganhou um encadeamento (embora algumas vezes falasse coisas desconexas, demonstrava saber quando estava fora da realidade), sua vida social evoluiu, interagia com colegas, construiu alguns vínculos com amigos, começou a participar de festas de forma geral, ia ao cinema com prazer.

Referências bibliográficas

APA – AMERICAN PSYCHIATRIC ASSOCIATION. *DSM IV – Manual diagnóstico e estatístico de transtornos mentais*, 4. ed. São Paulo: Artes Médicas, 1994.

DAMÁSIO, Antonio R. *O erro de Descartes: emoção, razão e cérebro humano*. São Paulo: Companhia das Letras, 1996.

DAWKINS, R. *O gene egoísta*. Belo Horizonte: Itatiaia, 2001.
FONSECA, V. *Manual de observação psicomotora: significação psiconeurológica dos fatores psicomotores*. Porto Alegre: Artes Médicas, 1995.
MORENO, J. L. *Psicodrama*. São Paulo: Cultrix, 1993a.
_____. *Psicoterapia de grupo e psicodrama*. Campinas: Editorial Psy, 1993b.
_____. *Quem sobreviverá? Fundamentos da sociometria, psicoterapia de grupo e sociodrama*. Goiânia: Dimensão, 1992.
ROJAS-BERMÚDEZ, J. G. *Teoría y técnica psicodramáticas*. Barcelona: Paidós, 1997.
_____. *Que es el sicodrama?* Buenos Aires: Celcius, 1984.
_____. *Títeres y sicodrama*. Buenos Aires: Celcius, 1985.
RUSTIN, M. et al. *Estados psicóticos em crianças*. Rio de Janeiro: Imago, 2000.
VIGOTSKY, L. S. *A formação social da mente*. São Paulo: Martins Fontes, 1998.
WINNICOTT, D. W. *O brincar e a realidade*. Rio de Janeiro: Imago, 1975.

8

Construção de imagens em um grupo com pacientes psicóticas

Isabel Rosana Borges Barbosa

Na direção de grupos com pacientes portadores de transtorno mental vivi uma experiência que, profissionalmente, muito me marcou. Não só pelo alcance da aplicação do construto teórico-metodológico psicodramático para os indivíduos em plena crise psicótica, como também pela possibilidade de humanização do atendimento que recebiam.

Eu trabalhava numa instituição psiquiátrica do serviço público que funcionava como hospital de curta internação. O serviço tinha como objetivo o atendimento psiquiátrico intensivo pelo menor período, ao final do qual a paciente deveria estar em condições de alta. Esse hospital atendia somente pacientes do sexo feminino, disponibilizando trinta vagas para a população. Eram atendidos quadros de esquizofrenia, psicoses puerperais, transtornos de humor, neuroses graves etc.

O tratamento oferecido enfocava a medicação e não existia qualquer atendimento em grupo para as pacientes. Embora a instituição contasse com uma equipe multiprofissional, o objetivo do trabalho centrava-se na remissão dos sintomas psicóticos pelo uso exclusivo dos remédios, com ações voltadas para agilizar a alta.

Hoje, ao refletir sobre essa situação, vejo quanto nossa atuação era limitada e limitante: não se ouvia o discurso do enfermo mental com atenção, não se valorizavam os sonhos, desejos e sentimentos do indivíduo adoecido, não se estimulava o convívio social etc.

Introduzo o tema a partir das características institucionais porque, como vocês poderão observar adiante, elas delineavam aspectos importantes do grupo e do trabalho que desenvolvi.

O estudo da socionomia[1], em especial da sociatria[2], com as possibilidades que o tratamento dos grupos pode trazer ao indivíduo e ao próprio grupo, fez-me começar a reunir as pacientes com o objetivo de propiciar uma nova forma de atenção e cuidado terapêutico.

As condições eram adversas: não havia sala para grupos, cadeiras para as pacientes e, na verdade, eu não tinha noção de como seria dirigir um grupo tão singular.

Para dar início ao trabalho, decidi usar o único espaço possível: a enfermaria. A ala em que eu trabalhava contava com três enfermarias, cada uma com cinco camas. Escolhi a que estava localizada numa área mais reservada, encostei as camas nas paredes, deixando livre o centro, e este passou a funcionar como palco. As camas serviam como cadeiras.

O grupo tinha características peculiares: era formado pelas pacientes internadas, muitas delas deprimidas, inquietas, ansiosas, delirantes, e ocorria uma alta rotatividade de seus compo-

---

1. Construção teórica e metodológica elaborada por J. L. Moreno, que a define como a ciência das leis sociais (1993, p. 33).

2. Segundo Moreno, a sociatria é a parte da socionomia que se ocupa do estudo do tratamento dos grupos sociais (1993, p. 33).

nentes. Como se encontrava em um hospital de curta internação, era comum uma paciente participar uma única vez, e outra participar de quatro ou mais sessões.

As sessões ocorriam uma vez por semana. Não havia rigidez com relação ao tempo de duração, embora acontecessem sempre no mesmo dia e com horário fixo para começar. Eu buscava manejar o tempo de acordo com o que era possível para o grupo, sempre respeitando os limites e possibilidades. Durante o período de quase dois anos em que desenvolvi esse trabalho, as sessões variaram entre quarenta e sessenta minutos.

Participavam as pacientes que desejassem, todas eram convidadas. Algumas, logo ao chegarem à internação e tomarem conhecimento da existência do grupo, demonstravam claro interesse em participar. Às vezes, a paciente não participava por estar muito sedada pela medicação, ou devido à ansiedade e inquietação causada pela crise psicótica ela não conseguia se manter no grupo.

Para exemplificar a dinâmica que se estabelecia e o alcance dos recursos trazidos pela utilização do método psicodramático, de modo específico a técnica de construção de imagens[3] na abordagem de um grupo com características tão típicas, vou me deter na análise de um trecho do protocolo de uma das sessões. Dessa sessão participaram cinco pacientes: Neide, Gilda, Alice, Adália e Rosemeire.[4]

Neide (olhando para a diretora) – Quero ir embora... O médico não me deu alta... Minha mãe disse que vem hoje. Se ela assinar o papel, pode me levar [referindo-se a alta a pedido].

---

3. Nesta técnica, solicita-se ao protagonista que construa, como se fosse uma escultura, utilizando pessoas ou objetos (muito especialmente tecidos), uma imagem do conflito no qual está inserido.

4. Os nomes usados são fictícios.

Rosemeire (olhando para a diretora) – Eu também quero ir embora. (fala alto, quase gritando)
Gilda, que estava deitada na cama, levanta-se e diz: – Quero ir embora também.
Neide – Eu estou com saudades de meu filho, ele tem 16 anos... Eu quero dar um beijo nele.
Rosemeire – Me ajude, quero ir embora.
Neide – Rosemeire não é dessa enfermaria, mas só vive dormindo aqui. Eu também quero ir embora.
Rosemeire – Eu nunca mais vou sair daqui.
Diretora – Nunca mais vai sair daqui?
Adália – Ela vai sair daqui, mas eu vou ficar.
Neide – Ninguém vai ficar aqui, vai todo mundo embora.
Rosemeire – Eu quero ir pra casa... Eu prometo fazer o que Deus quer... Ele não quer que a gente mate ninguém. Quando eu sair daqui não vou contar mentira como estou contando aqui.
Diretora – Você está contando mentiras?
Rosemeire – Não vou mais mentir.
Gilda – Existe alguém que passa melhor fralda do que eu?
Alice – Existe?
Gilda – Na Areia [bairro onde mora], existe uma mulher que passa melhor que eu.
Rosemeire – Não vou mais mentir. Vou cuidar do meu filho.
Neide – A mãe de Rosemeire disse que ela quebrou o resguardo, por isso tá assim.
Rosemeire – Eu perdi! Quero ir embora. (fala alto)
Gilda – Tem alguém que passe melhor uma fralda do que eu? (fala quase ao mesmo tempo em que Rosemeire)
Neide e Alice deitam-se cada uma em uma cama, mas logo em seguida levantam-se.
Rosemeire – Não vou mais mentir... Não é pra dizer só o que Deus quer?
Diretora – E o que Deus quer de você?

Rosemeire – Ele não diz pra não mentir e não matar as pessoas? Quando eu for pra casa, não vou fazer isso.
Alice – Ela só fala besteira.
Neide (dirigindo-se a Alice) – Você é moça, não é?
Alice não responde.
Gilda (levanta-se, suspende a roupa, exibe o corpo quase desnudo e toca na mama) – Meus seios têm as veias alteradas.
Rosemeire, que estava próxima, rapidamente se levanta da cama onde se sentava, põe a boca na mama de Gilda e logo após se afasta voltando para a cama. Gilda imediatamente abaixa o vestido, mas permanece em pé no mesmo local, visivelmente angustiada.
Gilda – O que é isso menina? Por que você fez isso? Por que você fez isso? Estou com raiva dela. Estou com raiva dela. (fala olhando para a diretora)
(Essa situação provoca tensão no papel de diretora, apreensão pela possibilidade de ocorrer uma cena agressiva. Coloco-me fisicamente entre elas.)
Rosemeire parece alheia e não responde a Gilda. Esta, embora afirme estar com raiva, não esboça nenhuma reação agressiva em relação a Rosemeire. Ao contrário, continua em pé, quase que paralisada, no centro da sala (palco).
Continua falando:
Gilda – Por que ela fez isso? Estou com muita raiva. Eu não gosto de mulher.
Rosemeire – Conheci uma mulher sapatão, mas não faço mais isso.
Gilda – Por que você fez isso?
Rosemeire não responde.
Diretora – Gilda está lhe fazendo uma pergunta.
Rosemeire – Desculpa, Gilda!
Gilda – Não vou lhe desculpar... Estou com raiva de você! Estou com raiva de você! (continua de pé no centro da sala sem sair do lugar)
Diretora (aproxima-se mais de Gilda) – Você está com muita raiva?

Gilda – Estou sim. Por que ela botou a boca no meu peito? Eu estou com vontade de dar um murro na cara dela. (diz isso sem esboçar fisicamente qualquer ação agressiva) Por que ela fez isso? Estou com raiva...
Diretora – Vou lhe ajudar a botar essa raiva pra fora.
Gilda – Vai?
Diretora – Sim, vou lhe ajudar.
Pego uma folha de jornal e entrego a Gilda dizendo: – Dê uma forma a essa folha de jornal que mostre a raiva que você sente. Mostre, aqui pra gente, como é essa raiva.
Gilda fica por alguns instantes em silencio olhando a folha de jornal.
Alice – Como ela vai fazer isso?
Adália – É! Como é?
Diretora – Dê o formato que você quiser.
Gilda senta-se no chão e dá à folha de jornal um formato de fralda.
Gilda – Existe alguém que passa melhor fralda do que eu? Na Areia tem uma mulher que passa! A minha raiva é uma fralda. (sorri)
As outras pacientes sorriem também.
Diretora (aproximo-me de Gilda, e ela não demonstra desagrado à aproximação física) – Venha comigo, vamos olhar pra essa raiva que é uma fralda ficando um pouco mais longe dela.
Gilda me acompanha e digo para ela: – Vamos olhar pra essa fralda daqui. O que você sente olhando pra essa fralda?
Gilda (olhando para a fralda) – Estou com saudade do meu filho... Estou com saudade do meu filho... Estou com saudade do meu filho... Ele não pode entrar aqui... Tantos dias sem ver ele! Sei que minha mãe cuida dele, mas não é a mesma coisa. Eu é que sou a mãe, eu é que tenho que cuidar. Tenho raiva daqui desse hospital, eu já estou boa, quero voltar pra casa.
O grupo silencia por alguns instantes.
Adália – Eu também quero ir pra casa.
Gilda – Eu quero botar essa fralda nela...
Diretora – Em quem?

Gilda (apontando para Rosemeire) – Nela!
Diretora – Em Rosemeire?
Gilda – Sim, quero botar a fralda nela.
Todas as pacientes sorriem.
Diretora – Por que você quer botar a fralda nela? (observo Rosemeire e ela parece tranqüila e atenta ao que acontece)
Gilda – Ela é neném.
Prontamente anda em direção a Rosemeire, que se encontra deitada e se coloca corporalmente disponível para que Gilda coloque a fralda. Rosemeire começa a falar enquanto Gilda põe a fralda.
Rosemeire – Eu fiz um aborto... Usei Cytotec e perdi o neném. Eu não vou mais fazer isso... Quero meu filho de volta! (começa a chorar)
As outras pacientes ficam em silêncio.

Essa foi a primeira vez que Rosemeire falou sobre o aborto que motivara a crise psicótica e seu internamento no hospital psiquiátrico. Ela estava na instituição havia quase duas semanas e não tocara no assunto com nenhum profissional.

Tomando em destaque o estudo e a pesquisa desenvolvida por Jaime Rojas-Bermúdez com pacientes psicóticos, é possível subsidiar teoricamente o que ocorreu nessa sessão e a direção que dei à minha intervenção.

Como se pôde perceber, esse grupo tinha uma dinâmica bastante singular. Contribuíam para isso as próprias características da enfermidade mental e o que ela ocasiona ao indivíduo. Uma das particularidades que podemos evidenciar é a dificuldade em se estabelecer a comunicação.

O portador de transtorno mental manifesta alterações na percepção espacial e temporal que dificultam sua comunicação com o outro e o contato com a realidade. Isso provoca sérias perturbações pessoais e bloqueia o relacionamento interpessoal. Segundo Rojas-Bermúdez (1997, p. 244), a psicose compromete a comunicação com o outro. É uma enfermidade social desvinculante.

Mesmo estando em grupo, não havia comunicação efetiva e a conversação se caracterizava por monólogos. Embora possamos observar que o discurso das pacientes girava em torno de dois temas – o desejo de alta e o desempenho do papel materno –, como destaca Fonseca (1980, p. 128), "a interação é aparentemente pobre, ou se faz estranhamente. As participações são muito individualizadas e centralizadas no diretor (relação em corredor)".

A chamada relação "em corredor" faz parte de um estudo do desenvolvimento humano esquematizado por Fonseca e baseado especialmente em Buber e Moreno. Segundo Fonseca menciona na obra *Psicodrama da loucura*, a etapa de desenvolvimento cunhada de relações "em corredor" é um estágio em que o eu e o tu são reconhecidos. Para exemplificar, o autor afirma:

> quero dizer com essa expressão que a criança, nessa fase, faz relacionamentos exclusivistas e possessivos. Está identificada como pessoa, distingue o outro, mas sente que o tu existe só para si [...] Refuga a possibilidade do seu Tu fazer relação com outros Tus. Não conseguiu ainda captar o mundo e as relações das pessoas à sua volta, como um todo. (Fonseca, 1980, p. 90)

O indivíduo psicótico estaria preso nessa etapa do desenvolvimento. Prosseguindo, Fonseca ressalta que "as pessoas em surtos ou fases psicóticas, ou as atingidas por estados psicóticos ao longo do tempo, estariam regredidas e/ou fixadas a fases anteriores do seu desenvolvimento" (1980, p. 102).

Rojas-Bermúdez enfatiza alguns aspectos constitutivos da doença mental que inibem a vinculação e o jogo/desempenho de papéis. Para este autor (1985, p. 192):

> O enfermo mental tem dificuldades frente ao contato inter-humano, um eu débil, poucos papéis bem desenvolvidos e um si-

mesmo psicológico dilatado; responde, portanto, com grande compromisso emocional, maciçamente, e não decodifica adequadamente os estímulos que recebe.

Para o psicótico, a vinculação é um processo difícil e que demanda muito esforço devido ao estado de alarme constante e à dilatação do si-mesmo psicológico, comprometendo o desempenho dos papéis. Si-mesmo psicológico é um conceito criado e desenvolvido por Rojas-Bermúdez, que o define como "uma espécie de membrana que envolve o eu, representado pelo círculo central do qual emergem prolongações dos papéis (pouco, medianamente ou bem desenvolvido)" (1995, p. 116). Continuando, o autor assinala que "o si-mesmo psicológico está intimamente relacionado com as emoções e os mecanismos de defesa do eu" (p. 118). No caso dos transtornos mentais, ressalta que "a dilatação crônica do si-mesmo psicológico leva à alienação do meio, desvinculação da estrutura social e ao ensimesmamento. O paciente vive encerrado em seu próprio mundo e o exterior deixa de existir" (p. 118).

Para explicitar mais claramente o pensamento de Rojas-Bermúdez, recorrerei ao esquema de papéis, gráfico criado por ele e que nos permite visualizar essa dimensão do eu psicótico na qual me detenho neste estudo (figura 1, página 198).

Nesse gráfico, podemos verificar que em situações de alarme, como a provocada pela crise psicótica, o si-mesmo psicológico se dilata encobrindo os papéis, o que dificulta o jogo/desempenho destes e compromete a vinculação.

A relação entre os indivíduos se dá por meio dos papéis: papel–papel complementar (vide esquema de papéis). Quando o papel é pouco desenvolvido ou está encoberto pela dilatação do si-mesmo psicológico, não se estabelece o vínculo. Em situações como essa, o terapeuta deve lançar mão de recursos que facilitem a vinculação (essa compreensão nos será útil mais adiante, na abordagem da definição e do uso do objeto intermediário).

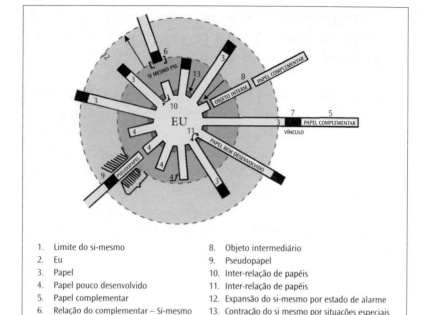

1. Limite do si-mesmo
2. Eu
3. Papel
4. Papel pouco desenvolvido
5. Papel complementar
6. Relação do complementar – Si-mesmo psicológico
7. Vínculo
8. Objeto intermediário
9. Pseudopapel
10. Inter-relação de papéis
11. Inter-relação de papéis
12. Expansão do si-mesmo por estado de alarme
13. Contração do si mesmo por situações especiais de aquecimento
14. Contexto que mantém o pseudopapel

Figura 1 – Esquema de papéis
Fonte: Rojas-Bermúdez, 1985, p. 182.

Diante dessa perspectiva, colocar as pacientes em grupo funcionou como um recurso terapêutico importante para estimular o contato com o outro e estabelecer possíveis canais de comunicação. Rojas-Bermúdez afirma que a comunicação do psicótico não é só interrompida quando ele se fecha em seu próprio mundo, mas também quando delira, esclarecendo que "todo tipo de relação interpessoal que se tente está condenada ao fracasso, pois é sentida como uma invasão perigosa [...]. As respostas podem ser o mutismo, o negativismo e o delírio, entre outras" (1975, p. 59).

O grupo possibilitou dar coerência ao discurso das pacientes, clareou significados que, em um primeiro momento, permaneciam ocultos e facilitou a interação.

O fato de Gilda ter exposto as mamas com as "veias alteradas" pela amamentação lembrou a Rosemeire a impossibilidade de amamentar o filho abortado. Devo referir que evocou ainda questões relativas à homossexualidade e à saudade que Gilda sentia do filho.

Ao invadir o espaço físico de Gilda e tocar seu corpo, Rosemeire também afeta seu espaço psíquico. Podemos compreender isto ao verificarmos que:

> É muito fácil que uma aproximação física (do terapeuta, da unidade funcional ou de outro companheiro) seja vivida pelo psicótico como uma invasão e que responda, em conseqüência, com atitudes e condutas que vão do desagrado ao temor à agressão. (Rojas-Bermúdez, 1997, p. 244)

Gilda não consegue dar resposta à atitude de Rosemeire. Embora afirme estar com raiva, não xinga, não grita, não a agride fisicamente. Nos primeiros momentos, fica paralisada, estupefata, sua raiva não encontra um percurso por onde seguir.

Numa situação como essa, faz-se necessário que o diretor de psicodrama parta em busca de novas alternativas terapêuticas com vistas à atenção e ao cuidado com o indivíduo e com o grupo. Recorro então a um jornal (objeto que utilizei algumas vezes com as pacientes nessa instituição) e proponho que Gilda construa a imagem de sua raiva.

Rojas-Bermúdez (1997, p. 195) fala sobre o uso de objetos pouco estruturados. Ele esclarece que "com essa denominação se entendem aqueles objetos pouco definidos formalmente e que podem ser utilizados de diversas maneiras em função do sujeito que os manipule. Como exemplo de alguns deles utilizados no psicodrama temos os tecidos, os papéis, as cintas e a bolsa elástica". Com o jornal, Gilda constrói uma fralda e descobre que sua raiva tem aquela forma.

Seguindo no enfoque apontado, Rojas-Bermúdez afirma:

Com a utilização de objetos pouco estruturados como os tecidos, a relação do sujeito com o objeto é livre, o que nos permite observar o tipo de manejo que realiza e sua implementação para expressar-se espontaneamente. Podemos pedir que, com o tecido, nos mostre como se sente ou como são as vozes que escuta ou as correntes que perturbam o seu corpo. Desta maneira, objetivamos vivências e podemos compreendê-las e processá-las conjuntamente, favorecendo a aliança terapêutica. (1997, p. 246)

O jornal não tem a mesma maleabilidade do tecido, mas nesse caso surtiu um efeito muito semelhante. Ao pegar na folha de jornal, Gilda pôde mudar a posição em que estava, sentando-se no chão (de forma bem infantil) e livremente manipulando o papel. Ademais, Rojas-Bermúdez recomenda o uso de tecidos (por ser um material mais dúctil) para os casos em que o indivíduo esteja comprometido corporalmente ou alheio à realidade. No hospital, ao utilizar o jornal, considerei as premissas apontadas por este autor – apenas não contava com o recurso dos tecidos.

Ao construir a imagem da raiva (fralda), Gilda sorri, relaxa. Um dos objetivos da técnica de construção de imagem é esse: arrefecer uma situação. Trata-se de uma técnica de cunho intelectual, que possibilita um distanciamento emotivo por parte do protagonista. Criador dessa técnica, Rojas-Bermúdez salienta aspectos importantes, como este:

A imagem não é somente considerada como a representação de um objeto, uma sensação, uma recordação, um sonho ou uma experiência social, à maneira de uma fotografia, senão como a resultante da interação primeiro entre o estímulo e o receptor e logo em sua elaboração nos circuitos dos centros nervosos. O que equivale dizer: em relação com toda a informação que o indivíduo possui e a organização particular que lhe foi dada (estrutura de personalidade, crenças, patologias...). (1997, p. 139)

Com essa afirmação, podemos deduzir que cada imagem é única, pois é uma produção do indivíduo. A própria elaboração da imagem só pode ser feita pelo protagonista: o único que conhece, intimamente, o que representa a significação daquela configuração.

Ao tomar distância e olhar a fralda (raiva), Gilda pôde ver que nela estava contida a saudade de seu filho e o desejo de sair do hospital. A raiva que afirmava sentir de Rosemeire deu lugar à situação que vivia internamente.

Existem estudos das neurociências que tratam da repercussão da imagem para o indivíduo. Tomando o exemplo da visão, Sonenreich, Castro e Friedreich (1992, apud Oliveira Neto, 2002, p. 23) apontam um importante aspecto:

> Técnicas requintadas permitem mostrar que movimentos, cor, forma dos estímulos são recebidos por áreas neuronais distintas [...]. As imagens formadas na retina vão ao córtex visual, mas também a regiões corticais associativas, divididas em áreas especializadas, das quais cada uma é especializada no tratamento de um atributo diferente da imagem visual. O sistema nervoso, portanto, isola propriedades constantes do objeto, entre as informações recebidas, sempre em mudança.

Rojas-Bermúdez (1999) chama de reaferência a devolução advinda da observação, pelo próprio sujeito, da imagem que construiu. Baseado nos estudos desenvolvidos por ele, podemos compreender que a reaferência integra o motor (ação) e aspectos visuais e reorganiza os conteúdos mentais. Em particular, acontece primariamente baseada em atos do corpo e *"feedback visual"*. O autor afirma que:

> A reaferência é tão fundamental que é difícil imaginar como sem ela um bebê poderia sequer perceber a diferença entre ele e o resto do mundo. Os objetos que se convertem em parte de SI MES-

MO são os que manifestam uma correlação quase perfeita entre a ordem motora e a realimentação Cinestésica e Visual, enquanto os outros objetos se convertem no MUNDO. No processo de construção de imagem, uma série de atos acontece (hemisfério esquerdo). A imagem é processada através de atos corporais e implica a passagem do hemisfério direito para o esquerdo, por meio de um sistema (ação) menos culturalmente governado do que dos atos verbais. (Rojas-Bermúdez, 1999)

Um ponto que assinalo é o fato de a imagem da fralda estar presente na fala de Gilda desde o início da sessão, quando manifestava a preocupação em saber se alguém passava fralda melhor do que ela. Quanto a acontecimentos como esses, Rojas-Bermúdez (1997, p. 141) alerta que:

> As imagens dramáticas e as imagens oníricas têm em comum suas origens, já que tanto umas como outras são manifestações psicológicas, que resultam da incidência e integração de diversos processos neurofisiológicos com predomínio do hemisfério direito. Algumas imagens surgem nítidas e diretamente em nossa consciência, outras são traduções de elementos verbais ou corporais utilizados durante a comunicação (analogia). Ainda neste último caso, os conteúdos da imagem descobertos posteriormente, através do trabalho psicodramático, mostram que nesta tradução analógica foram concretizados elementos que não estavam presentes na elaboração verbal. A instrumentação terapêutica da imaginação dá lugar à técnica de construção de imagem.

Rojas-Bermúdez propõe variadas formas de exploração da imagem, mas não tentei experimentá-las na ocasião, visto que algumas dessas variações possivelmente seriam de difícil aplicação num grupo como aquele. No entanto, fui surpreendida pelos rumos que Gilda deu à imagem que construiu: ela resolve dramatizar. Em sua cena, Gilda-mãe coloca a fralda em Rosemeire-bebê. Papéis complementares em histórias de vida diferentes se entrelaçam no palco dramático.

A dramatização, após a construção de imagem por parte do protagonista, é algo que pode acontecer. Rojas-Bermúdez explicita que isto ocorre porque "as imagens elaboradas podem servir de base para a dramatização. Neste caso, o protagonista passa a improvisar uma coreografia seguindo o argumento das ditas imagens. Assume o papel protagônico e delega a seus companheiros outros personagens" (1997, p. 193).

A partir dessa ação dramática, Rosemeire fala sobre si. A imagem construída por Gilda assume outra função: para Rosemeire, a fralda passa a funcionar como objeto intermediário.

O conceito de objeto intermediário foi elaborado com base na experiência de Rojas-Bermúdez com pacientes psicóticos crônicos internados. Essa técnica buscava restabelecer a comunicação interrompida por conta do hospitalismo e das próprias características do transtorno mental anteriormente citadas neste capítulo. O objetivo é retirar esses indivíduos do isolamento e estimular a atenção. Segundo esse autor, "objeto intermediário é todo objeto (a princípio marionetes) por cujo intermédio se podia entrar em comunicação com o paciente; equivale a dizer, eu–objeto intermediário–eu" (1997, p. 159).

O objeto intermediário (vide esquema de papéis) permite a interação entre o papel – pouco desenvolvido ou encoberto pelo si-mesmo psicológico – com o papel complementar. Na impossibilidade de uma comunicação "cara a cara" e de jogar papéis, o objeto intermediário entra como uma "prótese", possibilitando a relação entre o psicótico e o meio. Para Rojas-Bermúdez (1975, p. 59):

> o objeto intermediário é, pois, um instrumento terapêutico que permite restabelecer a comunicação verbal ao interatuar com um papel complementar, diminuindo o estado de alarme, reduzindo

o si-mesmo psicológico a limites normais, com o conseguinte benefício do afloramento dos papéis bem desenvolvidos. O que equivale a dizer, que se restabelecem as possibilidades de comunicação dentro de limites normais.

A fim de funcionar como intermediário, o objeto deve ter algumas características: existência real e concreta, que não desencadeie reações de alarme, que seja de simples identificação, maleável, transmissor de mensagens, facilmente adaptável às circunstâncias dramáticas, que possibilite ao indivíduo usá-lo como instrumento e que possa ser assimilável. A folha de jornal apresenta algumas dessas características.

Um esclarecimento ampliado do que vem sendo dito pode ser obtido na descrição de Rojas-Bermúdez (1997, p. 161) acerca de sua experiência com objetos intermediários:

> [...] a compreensão e elaboração teórica do fenômeno comunicacional produzido pelo objeto intermediário me levou, depois de experimentar com diversos objetos com diferentes características, a qualidade essencial do objeto que lhe permite superar a barreira do si-mesmo psicológico expandido (ensimesmamento) e chegar ao eu (veja esquema de papéis). Esta qualidade é precisamente não ser humano.

Em sua pesquisa por mais de vinte anos com o uso de objeto intermediário, Rojas-Bermúdez percebeu que o rosto humano pode causar bloqueio emocional aos psicóticos crônicos. Isso porque, quando um indivíduo se comunica com outro, emite e recebe inúmeras mensagens as quais deve decodificar. E aí não devemos nos deter apenas no código emitido verbalmente, mas também na comunicação não-verbal: posturas corporais, estados emotivos etc. O indivíduo psicótico, por conta de alterações na percepção temporal e espacial, tem dificuldade em decodificar a comunicação natural, própria da espécie humana. Segundo esse autor, "as percepções psicóticas espaciais resultam da percepção simultânea, fragmentada do outro e dão origem a imagens monstruosas [...]. O psicótico com alteração temporal vive em um presente constante. Ao contrário do neurótico, que se mantém oscilando entre passado e futuro" (1985, p. 111-3).

Para o psicótico, a comunicação do outro o deixa em estado de tensão e alarme.

> Como já se havia compreendido, minha preposição com respeito às psicoses em geral está relacionada com as alterações neurofisiológicas reguladas por mecanismos genéticos (sistema límbico, núcleo do eu), que ao alterarem-se perturbam a comunicação natural e dão lugar a reações neurais reparatórias (neocórtex/eu) que podem se manifestar, em nível clínico, de diversas maneiras, como, por exemplo, em forma de delírios, alucinações, fobias, obsessões etc. [...]. As marionetes e outros objetos usados em sua função intermediadora interrompem o fluxo de estímulos da comunicação natural e oferecem ao psicótico um objeto estável e simples no qual fixar sua atenção. (Rojas-Bermúdez, 1997, p. 162)

A função do objeto intermediário é dosar os estímulos comunicacionais recebidos pelo paciente, diminuindo assim a tensão e o estado de alarme, e restabelecendo a comunicação.

A utilização do objeto intermediário tem como finalidade substituir a relação direta terapeuta–paciente pela relação objeto intermediário–paciente. Este recurso terapêutico empregado pelo diretor de psicodrama pode ser manipulado pelo próprio diretor ou pelo ego-auxiliar, e não por outro paciente. Gilda, sem conhecimento terapêutico sobre o que estava fazendo, possibilitou que a comunicação com Rosemeire se efetivasse. Esta pôde falar de sua dor, chorar o filho abortado e contar a história que, até então, não encontrara *a via* adequada para ser expressa. A fralda (folha de jornal) possibilitou isso.

Foi interessante perceber que, nos dias subseqüentes a essa sessão, em outros contextos do hospital, as pacientes se referiam à fralda e sorriam ao falavar no assunto. Fiquei com a impressão de que aquela imagem criou um elo entre elas e para cada uma teve um diferente significado. A técnica de construção de imagens facilitou a expressão dos sentimentos, possibilitou concentrar a atenção do grupo e sua repercussão para as pacientes transcendeu a apenas aquele momento da sessão.

Como evidenciei algumas vezes neste capítulo, o grupo ou os vários grupos formados (considerando a alta rotatividade de seus membros) apresentavam uma dinâmica peculiar, muito diferente da dinâmica de um grupo formado por neuróticos. Evitei estabelecer comparações desse tipo e não ficar em busca da normalidade, tampouco procurar a doença naquelas pessoas e no grupo. Cada pessoa portadora de doença mental e cada grupo formado por esses indivíduos tinha uma dinâmica própria, uma forma singular de se expressar na vida, uma maneira única de lidar com a alegria e com o sofrimento, e isso é comum a todos os seres humanos.

O grupo muitas vezes me surpreendeu, em outras me "desorientou", deixou-me sem saber o que fazer ou como agir. Não era fácil dirigi-lo. O estudo dos autores mencionados aqui e de outros que não citei constituíram um importante suporte.

Com freqüência, surgiram dúvidas teóricas. No caso em questão, particularmente a utilização que Gilda fez da fralda – a imagem construída por ela foi colocada em Rosemeire. Será que eu poderia realmente dizer que a imagem passou a funcionar como um objeto intermediário? Foi aí que lembrei de Moreno: "Segundo o método grupal, o agente terapêutico para um membro particular do grupo pode ser um elemento do grupo ou uma combinação de vários deles [...] Cada homem é o agente terapêutico do outro e cada grupo é o agente terapêutico do outro" (1983, p. 24).

Hoje, trabalhando com psicóticos em um centro de atenção psicossocial e atendendo casais e famílias no consultório – em ambas as situações utilizando como recurso de cuidado terapêutico o psicodrama –, vejo quanto a experiência com esse grupo me enriqueceu profissionalmente. Pensar nesse trabalho funciona, para mim, como um alerta para que eu não deixe de lado, em minha atuação profissional, alguns pontos que Moreno apontava como primordiais:

- Que eu, em meu trabalho, não rejeite o elemento surpresa.
- Que eu, na direção de qualquer grupo, estimule minha criatividade.
- Que eu não me deixe aprisionar pela conserva cultural.

E que eu lembre sempre que uma fralda pode ser muito mais que apenas uma fralda.

Referências bibliográficas

FONSECA FILHO, J. *Psicodrama da loucura*. São Paulo: Ágora, 1980.
MORENO, J. L. *Fundamentos do psicodrama*. São Paulo: Summus, 1983.
_____. *Psicoterapia de grupo e psicodrama*. São Paulo: Psy, 1993.
MOYANO, G.; ROJAS-BERMÚDEZ, J. *Construcción de imágenes en sicoterapia sicodramática*. Fichas. Sevilla: Centro de Sicodrama, 1999.
OLIVEIRA NETO, A. "A cena psicodramática". *Revista Brasileira de Psicodrama*, São Paulo, v. 9, n. 1, p. 11-39, 2001.
ROJAS-BERMÚDEZ, J. *Que es el psicodrama*. Buenos Aires: Genitor, 1975.
_____. *Teoría y técnica psicodramáticas*. Buenos Aires: Paidós, 1997.
_____. *Títeres y sicodrama*. Buenos Aires: Celsius, 1985.
SONENREICH, C; CASTRO, G.; FRIEDREICH, S. Como entendemos o cognitivismo. *Temas*, São Paulo, vol. 22, n. 43, 1992.

PARTE III

9

O psicodrama transformador na mudança terapêutica: diretrizes e recomendações

Edward Hug
Heloisa Junqueira Fleury[1]

Moreno, o criador do psicodrama, percebeu ainda no início do século XX que tanto os indivíduos quanto as estruturas sociais necessitavam de ajuda. Desenvolveu as bases filosóficas para uma ação transformadora do ser humano inserido em seu ambiente sociocultural, apoiado na convicção de que a criatividade poderia maximizar o potencial individual e coletivo.

Porém, com a mudança paradigmática do final do século, a sociedade passou a conviver com o imprevisível, perdendo a tranqüilidade dada por parâmetros de certeza. Esse novo modelo confirmou as bases filosóficas do psicodrama, ao considerar que todo conhecimento resulta do intercâmbio social e, portanto, da interdependência das pessoas. Ao negar a possibilidade de uma verdade, contudo, validou outras bases epistemológicas, o

---

1. Agradecimentos pela rica interlocução com Rosana Maria de Sousa Rebouças, sobre a teoria de Rojas-Bermúdez, e com Silvia Regina Antunes Petrilli, sobre a teoria de Winnicott.

que revolucionou as ciências de modo geral, inclusive as ciências sociais e a psicologia.

Todos os domínios do conhecimento têm como eixo comum o paradigma da pós-modernidade, concluiu Marilene Grandesso (2000) após estudar várias vertentes teóricas da contemporaneidade. A autora identificou ainda a ênfase na relação terapêutica como o marco referencial pós-moderno. Em sua concepção, o Homem é um ser imerso numa trama de significados que ele próprio constrói no convívio e no diálogo com outros. A psicologia da pós-modernidade valoriza o singular, o idiossincrático e o contextualmente situado. Não busca fatos, mas os significados construídos na relação entre as pessoas. Neste novo padrão, o psicólogo é um agente de transformação social, consciente de sua auto-reflexidade e de que suas práticas e seus métodos de estudo não são ideologicamente neutros.

Essas colocações fundamentam teoricamente o mais atual nas psicoterapias, também um pressuposto fundamental do psicodrama, que é a concepção do vínculo terapêutico como uma experiência criativa e transformadora, em que os envolvidos na experiência são co-construtores da mudança. Implica a abertura do psicodramatista para buscar novos olhares sobre sua prática, integrando dados levantados pela pesquisa interdisciplinar em diferentes campos do conhecimento.

Uma das áreas que tem trazido contribuições para a psicoterapia é a neurociência. No psicodrama, Rojas-Bermúdez e seus seguidores foram pioneiros na utilização desses estudos científicos. Tais contribuições, já apresentadas em capítulos anteriores, vêm sendo confirmadas pelos estudos mais recentes da neurociência e fazem parte do arsenal teórico-prático do psicodramatista contemporâneo.

A neurociência desempenhou importante papel na psicanálise ao trazer a constatação de que a interpretação, ligada ao sistema explícito de memória e aprendizagem, poderia não ser transformadora. O reconhecimento da importância da condição nomeada de presentidade (Stern, 2007), defendida pelos estudiosos da neurociência como condição essencial para trabalhar com o sistema implícito de aprendizagem e memória, somado a outras contribuições, têm sido fundamentais no desenvolvimento de novos referenciais para essa abordagem.

Não poderíamos deixar de apontar que essa condição de presentidade, abordada na Introdução deste livro, é um dos pressupostos básicos do psicodrama. O pioneirismo de Moreno nos colocou na vanguarda, nesse aspecto, como modelo psicoterápico que valoriza a experiência vivida no aqui e agora.

Entretanto, considerando a promoção do desenvolvimento emocional como objetivo principal da psicoterapia psicodramática, a mudança paradigmática do século passado trouxe alguns desafios para o psicoterapeuta contemporâneo.

Uma psicoterapia bem-sucedida é aquela que favorece a transformação, decorrente de um movimento evolutivo propiciado pelo acesso e expansão dos conteúdos ainda não conhecidos. Porém, os aspectos mais desfavoráveis da pós-modernidade refletidos na sociedade atual – como a dificuldade em lidar com a dor, a dificuldade de interiorização, a busca de soluções prontas, imediatas, vindas de fora – podem contaminar o objetivo da psicoterapia, que passaria lamentavelmente a visar apenas ao alívio da ansiedade e à melhora dos sintomas (Fleury, 2007).

Almeida (2006) lista quatro grupos de métodos conhecidos para a investigação própria das psicoterapias: explicativo-causal (das evidências clínicas), cognitivo-comportamental, psicanalítico e fenomenológico-existencial. Enfoca o psicodrama como método fenomenológico-existencial, que busca superar o subjetivismo do método do conhecimento popular (vulgar) e o objetivismo do método do conhecimento científico (tradicional). Nessa proposta, ser e fenômeno estão vinculados, sendo necessário considerar três processos próprios da inter-relação: a intencionalidade, a intuição e a intersubjetividade. Destacamos sua afirmação de que o psicodramatista faz a fenomenologia da intersubjetividade e o fato de que, por ser aberto, esse método permite "acompanhar um mundo em movimento com regras que impedem a cada um participação autoritária ou irresponsável" (Almeida, 2006, p. 39).

Assim, a fim de lidar a cada dia com um ser humano diferente inserto num ambiente em contínuo movimento, muitas vezes apresentando um empobrecimento da vida emocional, o psicodramatista precisa ter muita clareza dos fundamentos filosóficos do método psicodramático, base para a ativação dos mecanismos terapêuticos nessa abordagem. A neurociência traz novos elementos para reconhecermos fenômenos próprios da intersubjetividade e da subjetividade humana, que serão abordados mais a frente.

Um outro desafio é otimizar o enfoque dialógico da prática psicoterápica, que define a co-responsabilidade do psicoterapeuta e do cliente em relação ao resultado do trabalho. Implica referenciais claros para a compreensão dos aspectos psicopatológicos do cliente, assim como um aprofundamento das bases científicas da dimensão relacional do psicodrama.

A teoria do núcleo do eu de Rojas-Bermúdez (apresentada no capítulo 3) detalha o mecanismo envolvido na formação do psiquismo da criança, que tem sido um dos mais importantes referenciais para o diagnóstico psicopatológico psicodramático.

A neurociência vem trazendo importantes elementos referentes à constituição de padrões relacionais na criança, explicitando a base fisiológica de fenômenos mentais e, portanto, da intersubjetividade (apresentados nos capítulos 1 e 2). Descreve também o mecanismo de auto-regulação de afetos, que acrescenta importantes contribuições para o relacionamento e mudança terapêuticos. Pelo aspecto dialógico da prática psicoterápica, auxiliam o psicoterapeuta a refletir sobre as implicações do próprio desenvolvimento psíquico na amplitude de sua atuação com o cliente, na medida em que pode ser um fator limitante em sua prática clínica. No que concerne ao psicodramatista, a atualização de novas descobertas relativas à dimensão relacional do psicodrama poderá ser um importante referencial para uma atuação transformadora.

Em relação aos mecanismos terapêuticos do psicodrama, Rojas-Bermúdez trouxe importantes contribuições, dentre elas o conceito de imagem psicodramática e a técnica de construção de imagens (apresentados no capítulo 4). Fundamentam-se na neurociência, cujos estudos apontam condições necessárias para a integração neuropsicológica.

Com essas considerações, salientamos que um psicodrama transformador implica a convergência de olhares sobre alguns aspectos da prática clínica reconhecidamente relacionados com a mudança terapêutica. Eles serão abordados numa perspectiva das evidências trazidas pela neurociência. São eles:

- A base fisiológica do mundo mental e a dimensão relacional do psicodrama
- Relacionamento terapêutico e o mecanismo de auto-regulação de afetos
- Contexto dramático e a operação dos mecanismos terapêuticos
- Neuroplasticidade e integração neuropsicológica

A base fisiológica do mundo mental e a dimensão relacional do psicodrama

Os modelos atuais para compreensão do eu baseiam-se na integração de dados psicológicos e biológicos. Há um consenso crescente de que a origem do eu deve ser explicada considerando-se as complexidades da psicologia do desenvolvimento e da neurociência do desenvolvimento. Levando em conta que os processos afetivos representam a essência do eu, a ontogênese da mente humana envolve mais do que a emergência de cognições cada vez mais complexas. Pela natureza psicobiológica desses fenômenos, as teorias atuais de desenvolvimento humano estão buscando modelos que contemplem os mecanismos cérebro–mente–corpo (Schore, 2003).

Rojas-Bermúdez desenvolveu uma compreensão do desenvolvimento do eu (também apresentada no capítulo 3), baseada na concepção de que as estruturas cerebrais vão se desenvolvendo a partir da mediação externa. Suas considerações relativas à estruturação do psiquismo, apresentadas em várias oportunidades ao longo deste livro, têm sido confirmadas pela perspectiva interpessoal da neurociência atual.

Moreno (1975) considerou o homem um ser em relação, dotado de espontaneidade e tele para seu desenvolvimento emocional. Definiu essa dimensão relacional afirmando ocorrer uma coexistência, co-ação e co-experiência na interação da criança com sua matriz de identidade, caracterizando o processo infantil de aprendizagem emocional. Nesse *locus*, segundo ele, desenvolvem-se os primeiros padrões relacionais, que tenderão a se manter ao longo da vida, expressos por intermédio dos papéis.

Identificou o primeiro reflexo social na criança no momento em que se inicia o desenvolvimento do sentido de proximidade e distância, gerando atração ou afastamento de pessoas e objetos. Relacionou essa reação social ao aparecimento do fator tele, que passará a ser o núcleo dos padrões de atração e de afastamento, das emoções especializadas, isto é, das forças sociais que atuarão no indivíduo (Moreno, 1975, p. 119).

Essa dimensão relacional foi confirmada, entre outros estudiosos, por John Bowlby (2002), criador da teoria do apego. Postulou que o vínculo criança–mãe ou cuidador é essencial no desenvolvimento infantil e que o apego saudável depende da experiência de sintonia nesse vínculo. Formam-se "modelos de trabalho interno" não conscientes que mantêm a função de *script* ou padrão para a criança moldar as próprias emoções e a percepção de outros.

A criação de um sistema de comunicação, caracterizado por olhares mútuos interativos, foi ratificada por Tronick (1989), pelos estudos observacionais da interação mãe–criança. Essa troca de olhares tem uma intensidade e sincronicidade que caracteriza um sistema recíproco de comunicação – a rapidez da coordenação das respostas sugere um mecanismo inconsciente. Essa experiência de mutualidade, alternada com momentos de desencontro e ruptura, favorece a regulação recíproca de afetos e leva a um sentimento de conexão com o cuidador, além de auxiliar a criança a construir significados no relacionamento. Esse processo é mediado pelo sistema ainda em desenvolvimento de neurônios-espelho da criança – central para a construção de significados –, preparando-a para entender a ação de outros, desenvolver empatia e compreender as intenções alheias, conforme detalhado no capítulo 2.

O cérebro social tem como estruturas neurológicas a amígdala, o cingulado anterior, a área orbitofrontal do córtex pré-frontal e a porção frontal do lobo temporal. Essas estruturas expandiram e constituíram uma rede neural em decorrência de informações sociais e emocionais necessárias para a sobrevivência do ser humano (Cozolino, 2002).

Segundo Cozolino, é nesse sistema neural que as experiências precoces de relacionamento interpessoal são organizadas, formando os padrões de apego descritos por Bowlby. São memórias implícitas de procedimento que refletem memórias sensórias, motoras, afetivas e cognitivas das experiências de cuidados. Essas redes de memórias são evocadas nas experiências interpessoais durante a vida, levando o ser humano a se aproximar ou se afastar de outros em função de informações contínuas e inconscientes relativas a decisões de aproximação ou evitação. Dessa forma, expressam-se na escolha de pessoas próximas, na qualidade dos relacionamentos, assim como desencadeiam muitas crises pessoais e conjugais.

O autor levanta também o aspecto de que esse relacionamento com o cuidador transmite à criança as primeiras impressões sobre o ambiente físico e cultural, modelando-se nesse relacionamento íntimo as redes neurais relacionadas a sentimentos de segurança e perigo, apego e o sentido de si-mesmo. Pela intensidade maior do crescimento e organização de neurônios nessa etapa inicial da vida, tais experiências interpessoais precoces tornam-se mais influentes do que as posteriores. Sua característica visceral e pré-verbal as torna mais resistentes às mudanças, caracterizando-se, portanto, como um importante desafio para o psicoterapeuta.

Estabelecendo paralelos entre esse sistema precoce de vinculação com o cuidador e a relação terapêutica, Schore (2003, p. 264) sintetiza diversos estudos para concluir que, nas transações afetivas da dupla terapeuta–cliente, ocorre a co-criação de um contexto intersubjetivo que leva a expansões estruturais no cérebro e novas conexões, favorecendo a regulação de afeto, o processamento de interações cognitivo-emocionais e significados relacionados ao mundo emocional.

Esse autor identifica um estado de ressonância quando a subjetividade do terapeuta fica empaticamente sintonizada ao estado interno do paciente, que pode ser inclusive inconsciente. A ressonância na interação pode intensificar e aumentar a duração do estado afetivo da dupla. Reconhece que o fenômeno de ressonância desempenha um dos papéis mais importantes na organização cerebral e no processo de regulação do sistema nervoso central.

Cozolino (2002) destaca que a neurociência nos ajuda a entender como as experiências interpessoais precoces constroem e modelam o cérebro, frisando que a psicoterapia atua na criação de uma matriz interpessoal capaz de reconstruí-lo. Concluímos assim que o conhecimento dos mecanismos subjacentes ao funcionamento mental, que envolve tanto aspectos subjetivos quanto outros mais objetivos que vêm sendo revelados pela neurociência, podem trazer novas e surpreendentes contribuições para a intervenção psicoterapêutica.

Relacionamento terapêutico e o mecanismo de auto-regulação de afetos

Segundo Moreno, tele "é empatia recíproca" (1994, p. 159), que "opera em todas as dimensões da comunicação" (p. 178), podendo ser entendida como o "fator sociogravitacional que opera entre indivíduos, induzindo-os a formar relações de par, triângulos [...] mais positivas ou negativas do que por acaso" (1975, p. 135). Essas definições explicitam a aproximação intuitiva de Moreno com as evidências atuais da operação de um sistema de neurônios-espelho no cérebro, desde o início da vida social, favorecendo a criação de um espaço intersubjetivo (vide capítulo 2).

Para a criança, a experiência de rompimento na sintonia com o cuidador, havendo um retorno breve da conexão, leva ao amadurecimento e a uma autonomia progressiva, preparando-a inclusive para manter-se ligada ao ambiente mesmo em situações de estresse (afetivamente negativas ou situações novas). Por outro lado, ocorrendo repetição de experiências negativas, pode desenvolver um estilo autodirigido de comportamento regulatório, tal como virar-se, evitar, ou ficar visivelmente não disponível. Essas estratégias parecem ter a finalidade de controlar o afeto negativo (Tronick, 1989).

A teoria do apego pode ser considerada uma teoria de regulação (Schore, 2001a). A mãe/o cuidador, num vínculo de apego seguro, regula continuamente os estados emocionais do bebê, numa sintonia não consciente e intuitiva às mudanças nos níveis de excitação da criança. Participa tanto dos momentos de interação mútua como daqueles em que a sintonia é rompida, gerando estresse no bebê. A reparação deve ocorrer na interação a fim de que a pronta autocorreção do desencontro garanta regulação sintonizada numa dimensão psicobiológica, favorecendo ao bebê sua própria regulação do afeto negativo. Esse processo depende, evidentemente, das condições do cuidador para identificar e regular seu próprio afeto, especialmente o negativo. Em decorrência dessa exposição às capacidades regulatórias do cuidador, as habilidades adaptativas do bebê para avaliar a cada momento mudanças estressantes no ambiente externo, especialmente no ambiente social, começam a formar respostas coerentes na abordagem desses estressores (podem ser experiências dolorosas ou situações novas). Assim, a expansão da capacidade de lidar com novas informações e, portanto, mover-se em direção a uma complexidade crescente envolve a capacidade de relacionar-se não apenas com o familiar, mas também abordar, tolerar e incorporar a novidade.

Nos casos em que a ruptura da ligação de apego é intensa, Bowlby (2002) identificou respostas de protesto e desespero na criança. Perry, Pollard, Blakely, Baker e Vigilante (1995) identificaram dois padrões de resposta psicobiológica da criança ao trauma, correspondentes a essas formas extremas de resposta ao afeto negativo: hiperexcitação e dissociação. No início da situação ameaçadora, representada pela ruptura do vínculo, ocorre uma reação de alarme (hiperexcitação) e a resposta de aflição (choro seguido de gritos). Essa comunicação do afeto negativo tem também a função de busca da regulação interativa. Concomitantemente, hormônios são liberados, produzindo aumento nos batimentos cardíacos, pressão arterial, respiração e tônus muscular, resultando em hipervigilância. A criança pode, porém, formar uma segunda categoria de reação, que tende inclusive a ter uma duração mais longa, ao desligar-se dos estímulos do mundo exterior, sintonizando apenas em seu mundo interno. Crianças traumatizadas, segundo Schore (2001b), ficam mirando o espaço com um olhar congelado. Essa dissociação frente ao medo ou ao terror envolve inibição do comportamento, paralisia, evitação, conformidade e diminuição do afeto, o que é mediado por altos níveis de liberação de substâncias no cérebro.

Esse processo primitivo de regulação se dá em situações de desamparo e desesperança nas quais o indivíduo está hiperinibido, permanecendo imóvel para evitar chamar atenção sobre si, como se tentasse tornar-se invisível. Permite à criança manter sua homeostase diante de um estado interno de excessiva hiperexcitação. Resulta no estado de consciência reduzida característico da dissociação (Schore, 2001b). Shaddock (2000) acrescenta que, frente a esse afeto excessivo, não ocorrendo a resposta sintônica do cuidador que ajudaria a tolerá-lo, a criança defensivamente pode cindir o afeto traumático, pelo desenvolvimento de crenças irracionais, sentindo-se sem valia ou merecedora da dor.

Schore (2003) afirma que, na vida adulta, o comprometimento do mecanismo de auto-regulação de afetos tende a limitar a capacidade de modular a intensidade e duração dos afetos, especialmente aqueles mais primitivos, como a vergonha, raiva, excitação, euforia, desgosto, pânico–terror, desamparo–desespero. Esses indivíduos, diante do estresse, tendem a apresentar estados difusos, indiferenciados, caóticos, acompanhados por sensações somáticas e viscerais excessivas; além de uma habilidade diminuída para refletir sobre o próprio estado emocional.

Porém, quando o comprometimento foi mais sério, caracterizando experiências precoces de trauma, a ausência de uma resposta sintônica no relacionamento amoroso pode recriar o contexto traumático e acionar defesas primitivas. As estruturas defensivas e crenças patológicas (geralmente inconscientes), resultantes das tentativas da criança de regular os afetos traumáticos por si própria, originam dificuldades para a vida toda (Shaddock, 2000). Segundo esse autor, nos relacionamentos amorosos manifestam-se por alguns padrões desastrosos: dissociação (não considera as necessidade ou vulnerabilidades de um ou dos dois); concretização (atribui a dor a determinados incidentes, que passam a representar a única origem do sofrimento); projeção (identifica no parceiro a fonte de todos os problemas, passando a mobilizar todos os recursos contra ele e não reconhecendo em si próprio os afetos desestabilizantes); pessimismo defensivo (regula o afeto permanecendo em estado crônico de retração dos sentimentos, resistindo a expor suas necessidades ou a reconhecer as necessidades do outro); dúvida crônica (levanta sentimentos que criam dúvida sobre a legitimidade ou realidade de suas necessidades, às vezes estado de irrealidade); alienação profunda (estados de estranhamento e solidão).

O psicoterapeuta empático e intuitivo, psicobiologicamente sintoniza-se e cria ressonância com os estados afetivos em mudança no paciente. Baseando-se nas evidências de que o sistema afetivo não verbal da criança continua operando ao longo da vida, Shaddock destaca a importância das comunicações não verbais entre terapeuta e paciente, expressas pelo tom de voz, expressão facial, postura corporal, muitas vezes sem acompanhamento consciente dos dois, mas provocando reações em ambos. Dessa forma, ocorre a co-criação de um contexto no qual o psicoterapeuta pode agir como um regulador dos estados fisiológicos alterados.

Stern (2007) denominou intersubjetividade terapêutica essa condição de sintonia. Articula as dimensões explícita (domínio verbal) e implícita (imagens, sentimentos, intuições) da dupla paciente–terapeuta; uma dimensão deve ser transposta para a outra e vice-versa, integrando o explícito e o implícito. Chamou de matriz intersubjetiva esse diálogo co-criativo contínuo que o indivíduo mantém com outras mentes. Para ele, duas mentes criam intersubjetividade, ao mesmo tempo em que, num sentido inverso, esse campo influencia as duas mentes, confirmando o foco no intersubjetivo. Stern considera que essa troca ocorre continuamente entre o terapeuta e o paciente, principalmente no domínio implícito, sem que o efeito terapêutico dependa da verbalização.

Essa condição de sintonia é muito próxima do que Moreno (1975, p. 30), ainda na primeira metade do século XX, definiu como estados co-conscientes e co-inconscientes, relativos àqueles vivenciados e produzidos conjuntamente pelos participantes de um grupo. Nessa definição, que tem sido mais detalhada por seus seguidores, intuitivamente afirmou algo que provavelmente será consenso num futuro próximo na área da psicoterapia.

Segundo Moreno (1983, p. 22), referindo-se ao relacionamento terapeuta–paciente, quando as percepções estiverem distorcidas e indicarem alguma referência a experiências anteriores, devem ser explicitadas no encontro terapêutico. Aludia à possibilidade de padrões relacionais ou padrões vinculares manifestarem-se nessa interação, o que hoje é praticamente um consenso entre os estudiosos dessa área. Manifestam-se também nos relatos feitos pelo paciente de outras interações. Na abordagem de relações problemáticas trazidas como queixa, esses padrões relacionais podem ser visualizados pela construção de imagens ou das cenas dramatizadas. Ao serem explicitados, podem facilitar a transformação numa dimensão implícita.

As evidências de que as condições maternas para lidar com os próprios estados afetivos influenciam os afetos que reconhece na criança, podendo estabelecer uma sintonia com eles, aplicam-se também ao relacionamento terapêutico. O psicodramatista também depende de seu próprio mecanismo auto-regulatório, ou seja, de seus recursos para tolerar afetos intensos e por longos períodos, que são condições necessárias para desempenhar essa função com o cliente. Dessa forma, suas condições emocionais tornam-se essenciais no processo terapêutico. Precisa de um bom sistema de neurônios-espelho (ou uma boa tele sensibilidade) a fim de garantir um vínculo ativado, caracterizado pela compreensão do contexto relacional e sensível aos padrões relacionais da dimensão implícita, tanto no relacionamento terapeuta–paciente quanto naqueles explicitados nas imagens e cenas dramáticas. Evidentemente, não é necessário mencionar que essas condições são desenvolvidas na própria psicoterapia do terapeuta, assim como nas supervisões – imprescindíveis para o terapeuta menos experiente.

Contexto dramático e a operação dos mecanismos terapêuticos

Moreno valorizou a ação dramática como instrumento para comprometer o indivíduo e objetivar as inter-relações humanas. Essa ação presentificada no aqui e agora da experiência é o grande diferencial do psicodrama. Ocorre por meio da dramatização ou até mesmo do diálogo verbal.

A mudança terapêutica baseia-se na experiência da emoção compartilhada no relacionamento terapêutico, no aqui e agora e na ação dramática. A emergência de figuras de apego, bem como esse processo de ressonância mútua, mediado pelos neurônios-espelho, permitem a criação ou a recriação de novos modelos relacionais no domínio implícito (hemisfério direito), reestruturando padrões relacionais e reconstruindo novos significados.

Historicamente, a abordagem científica de Rojas-Bermúdez permaneceu no contexto ampliado do psicodrama. Exerceu grande influência na constituição do psicodrama brasileiro por ter participado da formação da maioria dos pioneiros da área em nosso país. Dentre suas contribuições, uma que faz parte de nosso cotidiano é a distinção entre os três contextos: (a) contexto social – o meio social/cultural exterior ao grupo no qual os indivíduos estão vivendo; (b) contexto grupal – contexto do aqui e agora que se forma no grupo terapêutico, em que o aquecimento leva ao tema grupal e à emergência do protagonista; e (c) contexto dramático – referencial do "como se" do grupo, focado em um ou mais protagonistas, durante o processo de uma dramatização ocorrida no contexto da fantasia e da imaginação.

Acrescentando essa diferenciação de contextos aos outros elementos importantes da sessão de psicodrama propostos por Moreno (1975), Rojas-Bermúdez (1997, p. 34) sistematizou as três etapas: (a) aquecimento, (b) dramatização e (c) comentários ou análise; os três contextos: (a) contexto social, (b) contexto grupal e (c) contexto dramático; e os cinco instrumentos: (a) protagonista, (b) cenário, (c) egos-auxiliares, (d) diretor ou terapeuta, (e) auditório.

Na psicoterapia psicodramática, o aquecimento é o mecanismo utilizado para garantir essa condição favorável à operação dos mecanismos terapêuticos. Assim, quando o protagonista está para entrar no mundo da fantasia regressiva, a etapa da dramatização ou da ação psicodramática deve ser precedida por um aquecimento adequado. No trabalho grupal, garante algo essencial: a segurança do ambiente continente do grupo.

Paul Holmes (1992) identifica no palco psicodramático o equivalente ao espaço potencial de Winnicott (1971). Esse espaço potencial, no mundo da criança, é especialmente ativo durante a evolução da linguagem e na aprendizagem, por meio da brincadeira, dos valores normativos da sociedade, originando assim a experiência cultural. Trata-se do espaço dentro do qual é negociado o relacionamento entre a realidade (principalmente a realidade consensual do grupo) e a fantasia/imaginação. Esse lugar pode favorecer o movimento em direção a um teste de realidade, sem com isso renunciar à fantasia e à imaginação. Dá sustentação às nossas necessidades de fantasias regressivas, porém com retorno seguro à realidade.

O espaço potencial do palco psicodramático é também um lugar de encontro entre os recursos do cérebro esquerdo e direito, tanto do protagonista como do grupo. Hug (2007) enfatiza que a fase da ação psicodramática envolve, num estado moderado de regressão, um encontro entre o cérebro dominante (esquerdo), que constrói narrativas e é a base da identidade declarativa, e o cérebro recessivo (direito), mais conectado à verdade do corpo, à memória emocional, às experiências precoces de vinculação e às experiências traumáticas, bem como à formação de imagens. É também um encontro entre imagem (cérebro direito) e palavra (cérebro esquerdo).

Hug (2007) baseia-se também na neurociência ao abordar o manejo das técnicas psicodramáticas. Segundo ele, para que a ação psicodramática atue tanto na memória corporal quanto na emocional, é necessário que o psicodramatista garanta um sistema de atenção integrado, balanceando recursos afetivos e reflexivos, assim como um foco maior em imagens ou sensoriais. Por exemplo, havendo o predomínio de racionalizações, ele deve utilizar as técnicas psicodramáticas (solilóquio, espelho etc.) a fim de trazer conteúdos mais emocionais, favorecendo que o hemisfério esquerdo fique mais inibido e deixando de boicotar a memória afetiva do hemisfério direito. Da mesma forma, havendo um excesso de emocionalidade, vai escolher a técnica capaz de trazer a distância necessária para aspectos mais reflexivos sobre a experiência.

Numa dimensão neuropsicológica, mudanças exigem um nível adequado de estresse. Cozolino (2002) afirma que o desenvolvimento e integração exigem um contexto em que acolhimento e estresse estejam balanceados. No desenvolvimento da criança, alterações nesse equilíbrio podem gerar sintomas, defesas pouco adaptativas e psicopatologia. No relacionamento terapêutico, essa é uma condição necessária do ambiente neurobiológico para o desenvolvimento e integração neural.

Quando o nível de estresse é muito alto, o hipocampo fica sobrecarregado e produz pouca integração. Se, por outro lado, é insuficiente, não ocorre mudança. Esse nível adequado de estimulação produz integração máxima e foi denominado janela de tolerância (Hug, 2007).

Corresponde ao que Moreno (1994, p. 166) preconizou como processo de aquecimento para o indivíduo adequar-se à realização de um ato. Caracteriza-se como a expressão operacional da espontaneidade (p. 150). Consta de iniciadores físicos, mentais, sociais e psicoquímicos (Moreno, 1975, p. 104) ou da utilização de catalisadores psicomotores ou mímicos; ou ainda de estimulantes psíquicos, como imagens, temas musicais, dança etc. (Moreno, 1993).

Essas constatações explicitam um dos grandes desafios para os modelos atuais de psicoterapia ao apontarem a necessidade do desenvolvimento de um conhecimento teórico e de estratégias metodológicas capazes de superar possíveis limitações da intervenção verbal, favorecendo a articulação entre os dois hemisférios.

Neuroplasticidade e integração neuropsicológica

Irvin D. Yalom, psicoterapeuta de grupo de orientação existencialista – nesse sentido com muitas aproximações com o psicodrama – e Molyn Leszcz (2006) consideraram que a efetividade da experiência grupal depende da integração de dois níveis: a vivência do aqui e agora e o esclarecimento do processo, sendo necessária a realização de um ciclo auto-reflexivo para examinar o que ocorreu no aqui e agora. Se ocorrer apenas a vivência, será uma experiência intensa e envolvente, cheia de emoção; a falta da reflexão, contudo, impede a formação de um arcabouço cognitivo sobre ela. Nessas condições, não há retenção da experiência grupal, generalizações subseqüentes, identificação e alteração do comportamento interpessoal e transferência da aprendizagem para a vida. Ocorrendo apenas a análise do processo, perdem-se a vivacidade e o significado da experiência. Yalom e Leszcz alertam que muitos terapeutas privilegiam o aqui e agora, esquecendo-se de sua função na ativação dessa segunda parte.

Um dos diferenciais das propostas de Rojas-Bermúdez é desencorajar a catarse de ab-reação como objetivo do trabalho terapêutico. Concorda com Moreno (1993, p. 350), que a considerou apenas um elemento parcial no processo de integração.

Rojas-Bermúdez (1984) visa preferencialmente ao *insight*, por meio da complementação mútua de elementos emocionais e intelectuais. Para esse autor, catarse de integração é a resultante final de uma série de processos inicialmente isolados, que, em determinado momento, se inter-relacionam produzindo algo único – diferente de cada um dos anteriores, considerando que essas experiências iniciais atingem sua finalidade máxima a partir dessa resultante comum a todas elas. Assim, o *insight* não é obtido pela catarse de ab-reação, mas pela complementaridade entre o trabalho intelectual (construção de imagens e compreensão diferenciada de seus elementos) e o trabalho emocional (ação e dramatização). Isso pode ser compreendido como uma interação complementar entre os recursos do cérebro direito (espacial, orientado para a imagem) e os recursos do cérebro esquerdo (temporal, verbal e orientado para a ação).

O palco psicodramático, nessa ação terapêutica, é muito semelhante ao espaço potencial descrito por Winnicott (1971), caracterizado como um espaço de criação, onde, no aqui e agora, a vivência da fantasia e o acesso à realidade criam as condições para que o *insight* possa ocorrer.

É importante o cuidado após a ação dramática, quando uma consciência mais verdadeira de si é percebida na ação. Se for muito diferente da consciência narrativa, pode ser vivenciada como estranha. Nesses casos, na etapa de compartilhamento, a ressonância no grupo pode auxiliar a integração dessa nova aprendizagem. No contexto bipessoal, a sensibilidade do terapeuta é necessária para uma efetiva ressonância a esses estados de estranhamento.

Espontaneidade e conserva cultural são conceitos interligados, sendo um função do outro (Moreno, 1975, p. 464). Moreno (p.175) conceituou conserva cultural como a matriz na qual uma idéia criadora é preservada e repetida, com uma função tranqüilizadora.

Narrativas relacionadas às adaptações sociais tendem a se formar no hemisfério cerebral dominante, geralmente o esquerdo, diferentemente da formação de imagens internas, que ocorrem no direito. Para ajustar-se ao que parece ser a realidade do grupo e do contexto sociais, acontece uma racionalização e distorção da realidade interna, um mecanismo muito semelhante ao da conserva cultural (Hug, 2007).

Assim, aspectos mais conhecidos, conceituados como conserva cultural, localizam-se no hemisfério esquerdo, enquanto o envolvimento com a novidade refere-se ao direito. O estado de espontaneidade requer o uso dinâmico e balanceado dos dois hemisférios, exigindo mobilização e intercâmbio entre eles (Hug, 2007).

A conexão entre os dois hemisférios ocorre através do corpo caloso, estrutura cerebral composta de fibras longas que ligam os dois lados. Esse mecanismo é mais bem detalhado no capítulo 3, na descrição da constituição do eu integral. Não havendo recursos para essa forma de integração, acabam sendo "integrados" ou expressos pelo corpo. Caracterizam os sintomas psicossomáticos, compulsões ou comportamentos não regulados.

Tanto a neurociência como as psicoterapias consideram essencial, para um funcionamento saudável, níveis cada vez mais elevados de desenvolvimento e integração.

Numa dimensão neurológica, essa condição equivale ao desenvolvimento neuronal e à integração e comunicação das redes neurais relacionadas à emoção, cognição, sensação e comportamento. Segundo Cozolino (2002), a psicoterapia caracteriza-se por ser um ambiente rico, apropriado para favorecer o desenvolvimento de neurônios e a integração das redes neurais. Nesse contexto facilitador, o cliente é encorajado a tolerar a ansiedade própria das experiências temidas, memórias e pensamentos. Redes neurais normalmente inibidas ficam ativadas e disponíveis para serem inseridas no processamento consciente, ao longo de um processo caracterizado por ações tais como: dar informações relativas à compreensão das dificuldades apresentadas (por meio de psicoeducação, interpretações e/ou teste de realidade, dependendo da abordagem); estimular novos comportamentos, expressão de sentimentos e identificação de aspectos que podem ser desconhecidos, animando-os a correr riscos; transitar entre pensamentos e sentimentos, buscando novas conexões entre eles; ajudar a alterar a descrição do mundo e de si mesmos, a partir de uma ampliação de consciência, preparando-os para tomar decisões mais bem instrumentadas. No decorrer desse processo, os pacientes internalizam os métodos utilizados, ganhando independência cada vez maior.

Numa dimensão psicológica, integração refere-se à habilidade de lidar com os aspectos importantes da vida com facilidade de acesso aos recursos pessoais, o que Moreno (1975, 1994, p. 149) definiu como estado de espontaneidade. Trata-se do princípio essencial de uma experiência criadora. Surge de estados afetivos, como resposta a uma situação externa ou de condições internas. Opera no presente, no aqui e agora da experiência. Com o aquecimento, desenvolve-se em todo seu potencial e energia, levando o indivíduo a uma resposta adequada à nova situação ou a uma resposta nova para uma situação conhecida. Pode motivar um processo interno ou uma relação externa social, correlacionando-se com o estado de espontaneidade de outra pessoa criadora.

Pelo fato de o cérebro ser um órgão orientado para a ação, Hug (2007) afirma que a integração ocorre na ação. As palavras podem ter limitações, porém o cérebro possibilita outras formas de expressão além da verbal. O conteúdo da sessão psicodramática envolve dinâmicas emocionais e aspectos mais racionais, assim como uma memória corporal e outra emocional. A ação psicodramática faz a ponte entre os dois hemisférios, favorecendo uma integração psicológica (mecanismo detalhado na parte teórica deste livro).

Uma das bases da abordagem científica de Rojas-Bermúdez é a noção de que o cérebro direito é o *locus operandi* para a formação de imagens simbólicas em resposta à experiência do mundo externo, e para a emergência de "imagens sensório-afetivas [...] [que] emergem de [...] uma memória afetiva de procedimentos, implícita, de base corporal" (Schore, 2003, p. 96). O capítulo 4 aborda a aproximação dos dois hemisférios por meio da fundamentação de Rojas-Bermúdez para o trabalho com a imagem psicodramática.

Os escritos neurológicos atuais consideram que o cérebro esquerdo é dominante para a maioria dos seres humanos. Na medida em que esse é o hemisfério cerebral que dá suporte à linguagem, deduzimos que domina o outro, relacionado à imaginação. Por outro lado, na maioria dos indivíduos destros, é no cérebro direito que se localizam as dimensões mais subjetivas do mundo mental, representadas pela memória implícita (relativa a coisas que sabemos, mas que podemos não saber que sabemos), pela memória corporal (inclui memórias traumáticas) e pela memória emocional (inclui memórias precoces da infância). Além disso, Schore (1999) reforça fortemente que as experiências precoces de vinculação, assim como seus distúrbios, estão relacionadas principalmente ao cérebro direito.

Embora os dois hemisférios do cérebro tenham orientações diferentes, a saúde mental envolve tanto um relacionamento saudável entre eles quanto, principalmente na cultura ocidental – em que geralmente ocorre a dominância do hemisfério esquerdo lingüístico –, a plena consideração dos traços de memória e das perspectivas do hemisfério direito.

Esse encontro entre os dois hemisférios constitui a base interna (neurobiológica) do que Moreno definiu como encontro:

> [...] abrange diferentes esferas da vida. Significa estar junto, reunir-se, contato de dois corpos, ver e observar, tocar, sentir, participar e amar, compreender, conhecer intuitivamente através do silêncio ou do movimento, a palavra ou o gesto, beijo ou abraço, tornar-se um só – una cum uno. A palavra encontro contém como raiz a palavra "contra". Abrange, portanto, não apenas as relações amáveis, mas também as relações hostis e ameaçadoras: opor-se a alguém, contrariar, brigar. Encontro é um conceito em si, único e insubstituível. (Moreno, 1993, p. 73)

Numa perspectiva de que esse conceito relacionado-se com a saúde, o encontro neurológico entre a consciência narrativa do cérebro esquerdo e a essência de consciência do cérebro direito gera a espontaneidade. Embora esse encontro possa ser experimentado com estranhamento pelo indivíduo, permite que emerja um nível mais profundo de integração do eu, por incorporar aspectos essenciais da consciência que haviam sido excluídos da consciência narrativa.

O encontro moreniano consta de uma base interna biológica, expressa no nível mais alto da organização neural humana, como um encontro entre os hemisférios esquerdo e direito, num processo provavelmente mediado pelos neurônios-espelho.

Recomendações para o psicodramatista contemporâneo

Muito do que poderíamos considerar diretrizes já foi apresentado anteriormente. Complementamos esse material então com algumas recomendações para a mudança terapêutica:

1. Formular um projeto terapêutico adequado ao nível de desenvolvimento emocional do cliente.

2. Criar um espaço intersubjetivo que garanta sentimentos de segurança e confiança, visando recriar padrões relacionais fundados na percepção de si como alguém eficaz e do outro como confiável.

3. Favorecer níveis cada vez mais altos de tolerância e regulação de afeto, por meio da ativação simultânea ou alternada de redes neuronais inadequadamente integradas ou dissociadas, permitindo níveis moderados de estresse ou excitação emocional alternados com períodos de calma e segurança.

4. Considerar o psicodrama na categoria de método fenomenológico-existencial, permanecendo aberto à identificação dos padrões relacionais implícitos presentificados na intersubjetividade terapêutica, garantindo a integração de cognição, emoção, sensação e comportamento. Atentar para a categoria do momento, que traz um caráter vivencial à experiência, favorecendo a reaprendizagem implícita.

5. Buscar o desenvolvimento de cenas dramáticas, a construção de imagens ou narrativas integrativas co-construídas.

6. Considerar a necessidade de desenvolvimento de habilidades para processamento e organização de novas experiências, a fim de dar continuidade ao crescimento e à integração fora da terapia.

Perspectivas futuras

Moreno (1975) afirmou que a obra de arte dada ao conhecimento público tem uma forma aparentemente permanente e finalizada, salientando, porém, que o processo de criação é o mais importante na experiência humana. Ao tentar aproximar sua obra de um ideal de perfeição, o autor não dá a conhecer as primeiras formas criadas, embora elas compartilhem a mesma inspiração do estágio final.

Este livro é uma obra de arte, ainda em seus primeiros estágios. Traz à luz alguns paralelos entre a profícua obra de Moreno, as contribuições de Rojas-Bermúdez e as evidências mais atuais da neurociência. Os próximos estágios serão co-construídos pelos psicodramatistas contemporâneos. Duas das instituições federadas veteranas da Federação Brasileira de Psicodrama (Febrap), o Departamento de Psicodrama do Instituto Sedes Sapientiae (DPSedes) e a Associação Bahiana de Psicodrama e Psicoterapia de Grupo (Asbap), foram convidadas para liderar a continuidade desse diálogo.

Desejamos um profícuo processo, com a esperança de que jamais a obra seja finalizada, garantindo que o Psicodrama continue em processo de recriação, conduzido por nós e pelas próximas gerações de psicodramatistas brasileiros.

Referências bibliográficas

ALMEIDA, Wilson Castello. *Psicoterapia aberta: o método do psicodrama, a fenomenologia e a psicanálise.* São Paulo: Ágora, 2006.
BOWLBY, John. *Apego e perda: apego.* v. 1. 3. ed. São Paulo: Martins Fontes, 2002.
COZOLINO, Louis J. *The neuroscience of psychotherapy: building and rebuilding the human brain.* Nova York: WW Norton, 2002.

FLEURY, Heloisa J. "As turbulências no mundo interno do cliente travado". In: VASCONCELLOS, M. C. M. *Quando a psicoterapia trava*. São Paulo: Ágora, 2007, p. 57-68.

GRANDESSO, Marilene. *Sobre a reconstrução do significado: uma análise epistemológica e hermenêutica da prática clínica*. São Paulo: Casa do Psicólogo, 2000.

HOLMES, Paul. *The inner world outside: object relations theory & psychodrama*.Nova York & Londres: Routledge, 1992.

HUG, Edward. "A neuroscience perspective on psychodrama". In: BAIM, C.; BURMEISTER, J. (eds.). *Psychodrama: advances in theory and practice*. Londres: Routledge, 2007, p. 227-38.

MORENO, Jacob L. *Fundamentos do psicodrama*. São Paulo: Summus, 1983 (Novas buscas em psicoterapia, v. 20).

_____. *Psicodrama*. São Paulo: Cultrix, 1975.

_____. *Psicoterapia de grupo e psicodrama*. 2. ed. rev. Campinas: Editorial Psy, 1993.

_____. *Quem sobreviverá? Fundamentos da sociometria, psicoterapia de grupo e sociodrama*. v. 1. Goiânia: Dimensão, 1994.

PERRY, B. D.; POLLARD, R. A.; BLAKELY, T. L.; BAKER, W. L.; VIGILANTE, D. "Childhood trauma, the neurobiology of adaptation, and 'use-dependent' development of the brain. How 'states' become 'traits'". *Infant Mental Health Journal*, n. 16, p. 271-91, 1995.

ROJAS-BERMÚDEZ, Jaime G. *Que es el sicodrama?* Buenos Aires: Celcius, 1984.

_____. *Teoría y técnica psicodramáticas*. Barcelona: Paidós, 1997.

SCHORE, Allan N. *Affect regulation and the origin of the self: the neurobiology of emotional development*. Hillsdale: Lawrence Erlbaum, 1999.

_____. *Affect regulation and the repair of the self*. Nova York: WW Norton, 2003.

_____. "The effects of a secure attachment relationship on right brain development, affect regulation, and infant mental health". *Infant Mental Health Journal*, n. 22, p. 7-66, 2001a.

_____. "The effects of relational trauma on right brain development, affect regulation, and infant mental health". *Infant Mental Health Journal*, n. 22, p. 201-69, 2001b.

SHADDOCK, David. *Contexts and connections: an intersubjective systems approach to couples therapy.* Nova York: Basic Books, 2000.

STERN, Daniel N. *O momento presente na psicoterapia e na vida cotidiana.* Rio de Janeiro: Record, 2007.

TRONICK, E. Z. "Emotions and emotional communication in infants". *American Psychologist*, v. 44, p. 112-9, 1989.

WINNICOTT, Donald W. *Playing and reality.* Nova York: Basic Books, 1971.

YALOM, Irvin D.; LESZCZ, Molyn. *Psicoterapia de grupo: teoria e prática.* Porto Alegre: Artmed, 2006.

Os autores

Edward Hug Mestre em Engenharia Elétrica e Serviço Social. Desde 1997 tem o certificado norte-americano de Psicodrama e dirigiu trabalhos nessa área por alguns anos, principalmente com doentes mentais crônicos. Também é certificado em Psicossíntese e Programação Neurolingüística. Recentemente, voltou seu interesse para a Neurociência aplicada à Psicoterapia e ao trabalho com trauma, tendo publicado vários artigos e capítulos de livros a esse respeito. Reside em Massachusetts, Estados Unidos.

Georges Salim Khouri Graduado como psicólogo clínico e geólogo pela Universidade Federal da Bahia (UFBA). Psicodramatista pelo Centro de Psicodrama e Sociodrama (Ceps). Psicodramatista didata e didata supervisor pela Associação Bahiana de Psicodrama e Psicoterapia de Grupo (Asbap), formação em Psicoterapia de Abordagem Corporal (bioenergética) pelo Círculo Neo-Reichiano, formação em terapia corpo-mental na Phoenix Desenvolvimento. Atualmente atua como gerente de recursos humanos na Petrobras no E&P/Unidade de Negócio da Bahia, como psicólogo clinico em psicoterapia psicodramática na Holos – Clinica de Saúde e Desenvolvimento Pessoal e presidente da Asbap (2008-2009).
E-mail: gskhouri@uol.com.br.

Heloisa Junqueira Fleury Psicóloga graduada pela Pontifícia Universidade Católica de São Paulo (PUC-SP). Psicodramatista didata supervisora nos focos socioeducacional e psicoterápico. Mestre pela Faculdade de Medicina da USP. Organizadora e autora de diversos capítulos de livros. Coordenadora geral do DPSedes – Instituto Sedes Sapientiae e professora do curso de formação em Psicodrama nessa instituição. Orientadora do curso de especialização em Sexualidade Humana da Faculdade de Medicina da USP. Coordenadora da seção transcultural da International Association for Group Psychotherapy and Group Processes (IAGP).
E-mail: hjfleury@uol.com.br

Galabina Tarashoeva Psiquiatra e psicoterapeuta psicodramatista, vive e trabalha em Sofia, Bulgária, onde é chefe da divisão de emergência em saúde mental do Centro Municipal de Saúde Mental. É representante da Associação Médica Búlgara no Conselho Nacional para a Saúde Psiquiátrica e coordenadora do Programa Nacional para Intervenções em Crises com equipes móveis. Psicoterapeuta certificada pela Academia de Psicodrama de Estocolmo e pelo Instituto de Psicodrama da Europa (1993), é membro do conselho do Instituto de Psicodrama da Europa (1993-1997). Fundadora e diretora do Centro Orpheus de Psicodrama (desde 1993), além de membro fundador e participante ativa da Federação das Organizações Européias de Formação em Psicodrama desde 1994. É autora de artigos em jornais científicos e participante ativa em congressos internacionais e nacionais, com workshops e apresentações.

Isabel Rosana Borges Barbosa Assistente social pela Universidade Católica do Salvador. Especialista em Educação para as Primeiras Idades pela UFBA. Especialista em Recursos Humanos pela Universidade Católica do Salvador. Psicodramatista com foco Socioeducacional pelo Ceps e didata supervisora pela Asbap. Mediadora familiar pelo Centro de Estudos de Família e Casal (Cefac). Terapeuta de família e casal com atuação em consultório particular e em centro de atenção psicosocial.
E-mail: isabelrosana@uol.com.br

Maria Lúcia Machado Psicóloga graduada pela UFBA. Especialista em Psicologia Clínica. Especialista em Prevenção e Intervenção na Violência Doméstica Contra Crianças e Adolescentes (Uneb/Cetead). Psicodramatista didata com foco psicoterápico pela Asbap. Mestra em Psicologia do Desenvolvimento pela UFBA. Atualmente atua como psicóloga clínica/psicodramatista no Serviço Público Viver (Serviço de Atenção a Pessoas em Situação de Violência Sexual) e em consultório particular.
E-mail: maluma62@uol.com.br

Petra Marinova Estudante da Faculdade de Medicina da Universidade de Sofia. Participou de encontros de estudantes de Psiquiatria por quatro anos e é autora de duas publicações científicas em jornais psiquiátricos búlgaros. Esteve em conferências psiquiátricas e psicodramáticas na Bulgária e em cinco congressos internacionais de estudantes de medicina, nos quais recebeu quatro prêmios (dois de primeiro lugar e dois de segundo lugar).

Rosana Maria de Sousa Rebouças Psicóloga graduada pela UFBA. Especialista em psicologia clínica. Psicodramatista. Didata supervisora com foco psicoterápico pela Asbap. Formação em Neuropsicologia do Desenvolvimento e da Aprendizagem pelo instituto O Corpo e a Letra. Atuação em clínica individual e em grupo com crianças, adolescentes e adultos. Consultora na área de desenvolvimento humano em organizações. Coordenadora de ensino e ciência na Asbap (2002-2004 e 2008-2009).
E-mail: romar61@terra.com.br

------ dobre aqui ------

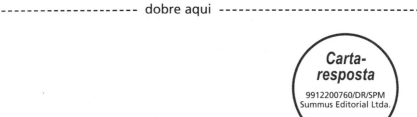

CARTA-RESPOSTA
NÃO É NECESSÁRIO SELAR

O SELO SERÁ PAGO POR

AC AVENIDA DUQUE DE CAXIAS
1214-999 São Paulo/SP

------ dobre aqui ------

CADASTRO PARA MALA-DIRETA

Recorte ou reproduza esta ficha de cadastro, envie-a completamente preenchida por correio ou fax, e receba informações atualizadas sobre nossos livros.

Nome: _____ Empresa: _____

Endereço: ☐ Res. ☐ Com. _____ Bairro: _____

CEP: _____ - _____ Cidade: _____ Estado: _____ Tel.: ( ) _____

Fax: ( ) _____ E-mail: _____ Data de nascimento: _____

Profissão: _____ Professor? ☐ Sim ☐ Não Disciplina: _____

1. Onde você compra livros?
☐ Livrarias   ☐ Feiras
☐ Telefone   ☐ Correios
☐ Internet   ☐ Outros. Especificar: _____

2. Onde você comprou este livro? _____

3. Você busca informações para adquirir livros por meio de:
☐ Jornais   ☐ Amigos
☐ Revistas   ☐ Internet
☐ Professores ☐ Outros. Especificar: _____

4. Áreas de interesse:
☐ Psicologia   ☐ Comportamento
☐ Crescimento Interior ☐ Saúde
☐ Astrologia   ☐ Vivências, Depoimentos

5. Nestas áreas, alguma sugestão para novos títulos? _____

6. Gostaria de receber o catálogo da editora? ☐ Sim ☐ Não

7. Gostaria de receber o Ágora Notícias? ☐ Sim ☐ Não

Indique um amigo que gostaria de receber a nossa mala-direta.

Nome: _____ Empresa: _____

Endereço: ☐ Res. ☐ Coml. _____ Bairro: _____

CEP: _____ - _____ Cidade: _____ Estado: _____ Tel.: ( ) _____

Fax: ( ) _____ E-mail: _____ Data de nascimento: _____

Profissão: _____ Professor? ☐ Sim ☐ Não Disciplina: _____

Editora Ágora
Rua Itapicuru, 613 7º andar 05006-000 São Paulo - SP Brasil Tel. (11) 3872-3322 Fax (11) 3872-7476
Internet: http://www.editoraagora.com.br   e-mail: agora@editoraagora.com.br

cole aqui